MW01711096

5. La danse du Chapardeur

Catalogage avant publication de Bibliothèque et Archives nationales du Québec et Bibliothèque et Archives Canada

Sydenier, Millie, 1986-
Les sorcières de Salem
Sommaire: t. 5. La danse du Chapardeur.
Pour les jeunes de 12 ans et plus.
ISBN 978-2-89585-060-1 (v. 5)
1. Sorcellerie - Massachusetts - Salem - Romans, nouvelles, etc. pour la jeunesse. 2. Salem (Mass.) - Histoire - ca 1600-1775 (Période coloniale) - Romans, nouvelles, etc. pour la jeunesse. 3. Procès (Sorcellerie) - Massachusetts - Salem - Romans, nouvelles, etc. pour la jeunesse. I. Titre. II. Titre: La danse du Chapardeur.
PZ23.S9685So 2009 j843'.92 C2009-941099-0

Illustration : Sybiline

Les Éditeurs réunis bénéficient du soutien financier de la SODEC et du Programme de crédit d'impôt du gouvernement du Québec.

Nous remercions le Conseil des Arts du Canada de l'aide accordée à notre programme de publication.

Nous reconnaissons l'aide financière du gouvernement du Canada par l'entremise du Fonds du livre du Canada pour nos activités d'édition.

Édition :
LES ÉDITEURS RÉUNIS
www.lesediteursreunis.com

Distribution au Canada :
PROLOGUE
www.prologue.ca

Distribution en Europe :
DNM
www.librairieduquebec.fr

Imprimé au Canada

Dépôt légal : 2010
Bibliothèque et Archives nationales du Québec
Bibliothèque nationale du Canada
Bibliothèque nationale de France

Millie Sydenier

Les Sorcières de Salem

5. La danse du Chapardeur

LER
LES ÉDITEURS RÉUNIS

Dans la série
LES SORCIÈRES DE SALEM

Tome 1 : Le souffle des sorcières
Tome 2 : La Confrérie de la Clairière
Tome 3 : La prophétie de Bajano
Tome 4 : L'Alliance de Terwik
Tome 5 : La danse du Chapardeur

À paraître :
Tome 6 : Les pierres d'Éops

Avertissement

Les faits relatés dans ce livre ne sont pas rapportés par l'Histoire. La plupart des personnages du livre ont bel et bien existé sans que je puisse leur prêter les actions que je narre. Au XVIIe siècle, il s'est produit à Salem des événements dramatiques dont je me suis inspirée pour créer cette série. Mais qui sait ? peut-être que l'Histoire telle que nous la connaissons cache en son sein des éléments que nous ne sommes pas en droit de connaître…

M.S.

1

Cela faisait plusieurs nuits que Betty n'avait pu fermer l'œil. La fatigue commençait à creuser ses traits, mais personne ne le remarquait. Dans la clairière, tout le monde était fébrile. Betty était hantée par le grimoire. Elle ne le quittait plus, l'ouvrant à toute heure du jour ou de la nuit pour tenter d'en extirper les secrets. Elle se souvenait parfaitement du moment où elle avait vu les feuillets blancs se remplir d'une fine écriture à la plume. Dans cet entre-deux mondes où elle avait erré longtemps, sa mère lui avait confié un secret qui détenait un pouvoir surprenant. Un pouvoir qui pourrait permettre à Betty et aux autres sorcières d'inverser enfin le cours des choses. Mais la jeune fille était incapable de se souvenir de ce qu'il y avait d'écrit sur les pages, et encore moins de se rappeler en quoi consistait le pouvoir en question. Elle commençait à désespérer. Abigail, Ezra et Sally avaient tenté de lui faire retrouver la mémoire. La sorcière de Terwik avait lancé un nombre incalculable de sorts différents, tous censés révéler les secrets des objets magiques. Rien n'avait eu d'effet et, peu à peu, Sally s'était intéressée à autre chose. Elle devait continuer l'entraînement d'Emma. Abigail et Ezra avaient toujours été sceptiques quant aux souvenirs de Betty, qu'ils prenaient pour des élucubrations. Mais ils l'avaient quand même soutenue. Pourtant, comme les pages du grimoire restaient obstinément blanches, ils avaient peu à peu abandonné eux aussi. Betty était restée seule avec le mystère, dont elle n'arrivait pas à se dépêtrer. Sa frustration était telle qu'elle était devenue désagréable avec les habitants de la clairière. Même Emma ne l'approchait plus.

Très tôt ce matin, alors que le soleil n'était pas encore levé, Betty était sortie de son lit, le grimoire sous le bras. Elle avait remis quelques branches dans le grand feu central duquel voletaient encore quelques fumerolles. Après s'être fait bouillir de l'eau, elle ajouta dans sa tasse quelques feuilles odorantes. Elle posa le grimoire sur ses genoux et commença à le feuilleter. Lorsque les habitants se réveillèrent, ils trouvèrent la jeune fille prostrée à côté du feu, le livre dans les mains, les sourcils plissés par la concentration.

— Betty ? demanda timidement Abigail. Tu as mangé quelque chose au moins ? Tu as pu dormir ?

L'interpellée se contenta de jeter un regard vague à sa cousine.

— Betty ! Tu ne peux pas continuer comme ça ! s'exclama Abigail en haussant le ton.

Cette fois, la jeune fille releva la tête et fixa Abigail avec fureur.

— Continuer comment, Abi ? Continuer quoi ? Tu ne sais pas ce que c'est que de connaître la solution pour nous sauver mais d'être incapable de s'en souvenir ! Je ne dors plus, je ne mange plus, je suis complètement obsédée par ça ! Il faut que la mémoire me revienne sinon nous sommes perdus, je le sais ! Tu n'as aucune idée du poids qui pèse sur mes épaules !

— Mais personne ne te demande de supporter un tel poids…

— Je suis obligée ! tonna Betty. Je n'ai pas le choix. Ma mère me l'a spécifié : si je n'utilise pas ce qu'elle m'a donné, nous sommes perdus…

Betty baissa la tête, accablée. Abigail ne savait plus quoi dire. Elle s'éloigna, les épaules basses, et partit rejoindre Ezra qui s'apprêtait à aller entraîner les sorciers. Celui-ci s'arrêta dès qu'il vit son amie approcher, l'air triste.

— Betty est toujours obnubilée par ces pages ? demanda-t-il.

— Plus que jamais, soupira Abigail. J'ai peur qu'on ne parvienne pas à l'en faire décrocher.

— Laisse-lui un peu de temps ! Elle se rendra compte toute seule que son entêtement est ridicule !

— Mais on a besoin d'elle maintenant ! La bataille est imminente et Betty fait partie des sorcières les plus puissantes. Elle devrait en ce moment même s'occuper des autres, les entraîner, les rassurer, leur montrer qu'elle sera toujours à leurs côtés et qu'ils ne doivent pas avoir peur. Comme ce que nous faisons, Sally, toi et moi.

— Je sais, mais…

— Tu as vu comme les gens la regardent ? Tu les as vus ? Ils pensent qu'elle va les abandonner ! Et tu sais, je ne leur en veux pas. C'est exactement ce qu'elle fait…

— Arrête, Abi ! Tu sais aussi bien que moi que Betty est plus têtue qu'une mule ! Quand elle a une idée dans la tête, elle n'arrive pas à s'en détourner avant d'avoir trouvé la solution ou de s'être rendu compte par elle-même qu'il s'agissait d'une erreur. Alors laissons-lui du temps et, en attendant, partageons ses tâches. Prends encore plus de personnes avec toi et je demanderai aux sorcières de Terwik d'en faire autant.

— Et toi ?

Ezra la regarda, surpris.

— Moi ?

— Est-ce que tu vas t'occuper des sorcières ? Est-ce que tu vas aider les gamins et les vieillards à tenir leurs arcs et à fabriquer des armes ?

— Je ne peux pas, tu le sais bien, répliqua Ezra en baissant la tête.

— Mais que fais-tu avec ces hommes qui soit tenu si secret ?

— Quand tu verras, tu ne seras pas déçue, je te le promets.

Il ne laissa pas le temps de répondre à Abigail et s'éloigna rapidement sous le regard interrogateur de la jeune fille.

— Ezra !

Le jeune homme se retourna. Sally avançait vers lui à grands pas. Il soupira discrètement. Il savait très bien de quoi elle voulait lui parler.

— Ezra ! Nous devons discuter.

— Je n'ai pas le temps, Sally ! Je dois…

— Tu dois entraîner tes hommes, je sais. C'est justement ce dont je voulais t'entretenir. Tu n'as pas le droit de nous cacher ce que tu fais avec eux. Les autres sorcières et moi, nous pourrions peut-être vous aider.

— Je ne crois pas, répondit laconiquement Ezra. Il s'agit d'une technique que je ne fais qu'expérimenter.

— Comment l'as-tu connue ? demanda Sally, les mains sur les hanches, les sourcils froncés.

— Je l'ai trouvée dans un des livres que vous nous avez apportés.

Stupéfaite, Sally resta sans voix. Ezra regardait la sorcière avec, sur les lèvres, un petit sourire qui acheva d'énerver celle-ci.

— Tu te souviens de ce que nous avons convenu ? Plus de secrets ! Tu ne dois plus faire cavalier seul. Tu te souviens de ce qui a failli arriver la dernière fois que tu as agi ainsi ? Dois-je te rappeler que Betty a failli mourir ?

— Sally ! coupa Ezra. Je sais ce que je fais. Je ne veux juste pas donner de faux espoirs à la Confrérie ou aux sorcières de Terwik. Je ne sais pas si j'arriverai au bout de cette technique et, si tel n'est pas le cas, je préfère que vous n'en sachiez rien. Mais si l'inverse se produit et que, par miracle, je parviens à la rendre effective, cela pourrait grandement nous aider !

— Mais...

— Occupez-vous d'Emma, Sally, s'il vous plaît. Et laissez-moi gérer mes hommes. Nous avons tous les deux un grand rôle à jouer dans le combat qui se prépare. Je ne vous décevrai pas, je vous le jure. Mais par pitié, laissez-moi tranquille !

Ezra adressa un gentil sourire à Sally et s'éloigna rapidement avant qu'elle ait pu ajouter quoi que ce soit. Il secoua la tête en riant intérieurement. Dieu que ces femmes étaient curieuses !

Aussitôt sorti de la bulle protectrice de la clairière, il s'envola pour atterrir presque immédiatement dans sa grotte où l'attendaient ses cinq sorciers. Très impatients, ceux-ci bondirent sur leurs pieds dès qu'ils aperçurent Ezra.

— Prêts à recommencer ? questionna ce dernier.

Un hurlement lui répondit. Empressés, les hommes s'alignèrent aussitôt et Ezra vint prendre place parmi eux. Chacun attrapa les bras de ses voisins.

— Attention ! commença Ezra. Et... maintenant !

Sally obéit à Ezra et alla s'occuper d'Emma qui errait dans la clairière à la recherche d'une activité. Malgré tout ce qu'avaient dit Ezra, Abigail et Betty aux autres habitants de la clairière, ceux-ci fuyaient encore

Emma. Même les enfants la craignaient. La petite fille aurait tout donné pour partager un peu de son temps avec quelqu'un de son âge. Ce n'est pas qu'elle n'aimait pas la compagnie des sorcières de Terwik ou des filles Parris. Au contraire, toutes s'occupaient beaucoup d'elle, la cajolaient, la faisaient rire ou la consolaient quand elle en avait besoin. Mais Emma avait envie de courir, de hurler, de rire aux éclats, de grimper aux arbres et de jouer des tours aux grandes personnes. En somme, elle voulait enfin se comporter comme une enfant. Elle avait cru que la présence de Zïna lui attirerait des amis. Mais la chatte était encore plus crainte qu'elle. Ses yeux transperçaient quiconque s'approchait d'Emma et les gens trouvaient anormal qu'un animal suive ainsi une petite fille. Emma avait bien compris que certains enfants auraient voulu l'approcher et lui poser mille questions. Elle avait surpris une mère en train de faire des remontrances à son fils qui avait tenté de lui adresser la parole. Dans un univers de sorcières et de magie, Emma se sentait plus seule que jamais. L'avenir la préoccupait aussi. Quand le combat serait terminé, qu'adviendrait-il d'elle s'ils en sortaient vainqueurs ? Sally et les sorcières retourneraient vivre dans leurs villages respectifs. Ezra et Abigail s'installeraient sans doute ensemble. Quant à Betty, Emma n'était pas dupe. Elle avait surpris les regards langoureux que lui lançait le beau Sam. Betty le suivrait sans doute à Boston. Qui s'occuperait d'elle ? Emma soupira, accablée. Elle se posait beaucoup trop de questions pour ses huit ans, ainsi que Sally le lui avait déjà fait remarquer. La sorcière se dirigeait justement vers elle à vive allure, l'air furieux. Emma savait bien que la fureur de Sally ne la visait pas. Elle avait sans doute encore essayé de tirer les vers du nez d'Ezra mais sans succès. L'enfant grimaça quand même. Son entraînement n'allait pas être de tout repos et elle ne se sentait pas en forme aujourd'hui. La nuit avait été pénible et peuplée de cauchemars. Même Zïna n'avait pu l'apaiser.

— Emma ! s'exclama Sally d'un ton cinglant. Je t'ai cherchée partout ! Il faut que tu travailles !

Emma fit la moue et baissa la tête. Sally s'attendrit aussitôt. Elle remonta les pans de sa robe et s'accroupit face à l'enfant. D'un doigt, elle releva le menton de la petite, mais celle-ci refusa de la regarder dans les yeux. Alors Sally l'attira contre elle et la serra fort tout en la berçant. Emma se laissa aller et savoura le contact chaud de la grande sorcière.

— Pardon, mon enfant. Tu sais que je ne suis pas fâchée contre toi. Cet Ezra n'en fait qu'à sa tête. Il me met hors de moi. Et le pire… c'est que je ne lui en veux même pas. Ce garçon est un charmeur de première ! Je comprends pourquoi Abigail est tombée dans ses bras.

Emma étouffa un rire sur l'épaule de Sally. Heureuse de l'entendre, Sally en profita pour chatouiller la petite. Emma se débattit un moment puis, finalement, elle s'esclaffa si fort que tout le monde dans la clairière se figea et regarda la sorcière et l'enfant d'un air désapprobateur. Sally pouffa et entraîna Emma, qui riait encore, à sa suite. Zïna suivit ses compagnes, la queue dressée et les oreilles bien droites.

Tituba faisait les cent pas devant Coleen Diver, Marian Soulth et Hilda Trey, l'air martial. Les trois femmes avaient les yeux vitreux et se tenaient trop droites pour que leur posture paraisse naturelle. Tituba leur lançait des regards haineux qui ne semblaient pas les toucher. Elles avaient le regard vide et semblaient dépourvues d'âme.

— Vous souvenez-vous d'Ezra ? demanda Tituba.

Coleen, Marian et Hilda hochèrent la tête.

— Parlez-moi d'un souvenir avec lui. À vous, Hilda !

— Il me vendait de la viande. Il travaillait pour Hank.

— Vos enfants ont-ils déjà été malades ? demanda Tituba.

— Oui.

— C'est à cause d'Ezra. Il vous a vendu de la viande avariée. À un prix démesuré. Il vous a vendu de la viande qui n'était plus fraîche et il vous l'a vendue trop cher. Il voulait vous empoisonner, vous et vos enfants. Vous le saviez ?

— Non.

— Hilda, que devez-vous faire à un homme qui a voulu vous tuer et faire du mal à vos enfants ?

— Je dois le tuer.

— Non ! Vous devez l'anéantir ! martela Tituba. Le détruire, détruire ce qu'il aime. Vous devez le briser. Ensuite, ajouta-t-elle le sourire aux lèvres, vous pourrez le tuer. Vous m'avez comprise ?

— Oui, Tituba, répondirent les trois femmes en chœur.

Pendant des heures, Tituba extorqua aux malheureuses leurs moindres souvenirs de Betty, d'Abigail et d'Ezra. Elle s'en empara et elle les modifia, les déforma. Elle fit naître dans le cœur de ses esclaves une haine tenace et farouche. Une haine qui n'avait pas de limites puisqu'elle n'avait pas de raison réelle d'exister et reposait sur des mensonges. Cette haine permettrait à Tituba de triompher. La sorcière n'avait en tête que sa vengeance, qui la tenait en haleine depuis tant d'années. Tituba sentait son heure de gloire arriver et elle ne laisserait personne se mettre en travers de son chemin. Elle voulait éliminer tous ses ennemis. Patton ne comprenait pas cette animosité tenace, mais il ne lui demandait rien. La Barbadienne était un atout inestimable pour lui et ses troupes. Il ne doutait pas de sa victoire. Mais il avait peur de Tituba parce qu'elle n'aimait personne et ne se battait que pour sa propre cause. Il ne lui faisait pas confiance et appréhendait l'issue du combat, car il ignorait totalement si elle ne se retournerait pas contre lui à la toute fin. Si cela se produisait, Patton et ses hommes seraient sans défense face à elle.

— Marian ! cria Tituba. Vous souvenez-vous du blâme que le révérend Parris vous a fait pour avoir manqué une messe un dimanche ?

— Oui.

— Savez-vous qui vous a dénoncée ?

Marian ne répondit pas. Tituba lui faisait face, et son regard semblait passer à travers elle.

— C'est Abigail Parris. Elle est allée le raconter à son oncle. Vous souvenez-vous de ce qui s'est passé après ?

— Mes enfants ont eu faim pendant plusieurs jours. Le révérend m'avait interdit de sortir de chez moi. Je n'ai pas pu leur acheter de pain. Il m'a dit que c'était la volonté de Dieu pour ramener les pécheurs sur le droit chemin.

— Abigail vous a dénoncée. À cause d'elle, vos enfants ont eu faim. À cause d'elle, la population de Salem vous a évitée. Voulez-vous vous venger ?

— Oui.

— Comment ferez-vous ?

— Je dois anéantir Abigail. Je dois la détruire et détruire ce qu'elle aime. Je dois la briser.

Un cruel sourire de contentement étira les lèvres sombres de Tituba. Coleen, Hilda et Marian étaient étrangement malléables et la Barbadienne appréciait particulièrement le pouvoir qu'elle avait sur elles.

À la clairière, Betty était toujours plongée dans son grimoire. Elle n'avait pas bougé et laissait les habitants circuler autour d'elle avec une indifférence non dissimulée. Elle ressassait ses retrouvailles avec sa mère dans cet entre-deux mondes où elle avait failli mourir. Elle se répétait leur discussion, mot pour mot. Et quand elle sentait qu'elle était près de mettre le doigt sur ce qu'elle cherchait, un grand vide se faisait dans sa tête. Plus elle cherchait et moins elle trouvait. Betty avait l'impression que quelqu'un avait effacé une partie de sa mémoire, seulement ces quelques secondes pendant lesquelles sa mère lui avait confié le terrible secret. Betty devenait folle. De rage, de douleur, d'impuissance… Abigail la surveillait de loin. Elle la voyait hocher la tête d'un air entendu, puis la secouer avec vigueur comme si elle était plongée dans une discussion haletante qu'elle seule pouvait entendre. Abigail se rendit compte qu'elle n'était pas la seule à épier sa cousine. Plusieurs femmes l'observaient du coin de l'œil en chuchotant. Betty était en train de perdre la confiance des sorcières. Elle avait toujours été la plus forte. C'était elle qui avait mené des actions vengeresses. En toute insouciance, certes, mais elle était celle qui voulait faire bouger les choses, qui ne tolérait pas l'immobilité. Elle avait bravement supporté le bannissement, les regards haineux, l'animosité. Pendant des jours et des jours, elle avait erré seule dans la forêt, se rongeant de culpabilité pour la mort du petit garçon. Quand on l'avait réintégrée dans la clairière, Betty n'avait manifesté nul ressentiment envers ses compagnes. Aucune des femmes qui l'avaient mise dehors n'avait eu à se plaindre de son comportement. Betty n'avait jamais dit un mot plus haut que l'autre ; elle reconnaissait sa faute et n'avait pas imploré le pardon. Mais aujourd'hui, les sorcières croyaient que Betty n'était plus fiable.

2

Job Tookey s'ennuyait. Comme il n'avait pas une seule étincelle de magie en lui, il s'occupait, à la demande d'Ezra, de diverses tâches à la clairière : construire des arcs, tailler des flèches, rapiécer de vieux draps… Peu habitué à ces « besognes féminines », il les avait vite délaissées et avait commencé à errer comme une âme en peine dans la forêt. Il s'était alors rendu compte qu'il n'était pas le seul à se sentir dépassé par la frénésie des habitants. Chaque jour, plusieurs hommes et quelques femmes sans pouvoirs se réunissaient pour donner leur avis sur l'avancée de la défense de la clairière. Rapidement, les gens qui avaient des pouvoirs manifestèrent leur mécontentement face à l'oisiveté des autres et à leur propension à critiquer. Job se proclama le chef du petit groupe et il emmena ses compagnons tous les jours à l'écart de la clairière en faisant attention aux inquisiteurs. Là, cachés dans une grotte peu éloignée de celle d'Ezra, Job et les autres mettaient leurs idées en commun pour trouver le moyen d'aider leur communauté par de réelles actions.

— Je crois que nous devrions aller au village pour dire clairement aux inquisiteurs notre façon de penser ! lança Daniel Andrew.

Un silence surpris ponctua cette déclaration.

— Qu'entends-tu par là ? demanda Job.

— C'est très simple : allons jouer un mauvais tour à ces corbeaux ! Allons leur faire regretter d'être venus ici !

— Mais comment veux-tu qu'on y arrive ? s'exclama une villageoise. Il y a, à la clairière, une cinquantaine de sorcières et de sorciers qui passent leurs journées à réfléchir à un moyen de vaincre les hommes en noir. Aucun de nous n'a de pouvoirs !

— Mais les inquisiteurs n'en ont pas, eux non plus ! protesta Daniel.

— Tu es fou ! s'écria un homme.

Sentant le ton monter, Job se leva, les mains tendues devant lui, paumes vers le sol, pour calmer les esprits. Il attendit que chacun tourne le regard vers lui.

— L'idée de Daniel n'est pas dénuée d'intérêt, admit-il. À défaut de pouvoir bouter les inquisiteurs hors de notre village, rien ne nous empêche de leur jouer un mauvais tour.

Il laissa l'idée se frayer un chemin dans la tête de ses amis.

— Après tout, ce n'est pas parce que nous sommes des adultes qu'on ne peut plus se comporter comme des gamins ! ajouta-t-il avec un sourire espiègle.

— C'est de la folie ! cria la jeune femme qui avait déjà répondu à Daniel.

— Mais non ! reprit Job. Nous ne sommes pas obligés de nous mettre en danger. Et si c'est un problème pour nous de ne pas avoir de pouvoirs, souvenez-vous toujours que nos ennemis sont dans la même situation. Ils ne courront pas plus vite que nous !

Des sourires apparurent sur tous les visages. Job ressentit une certaine fierté. Il ne remarqua pas l'air bougon de Daniel qui avait compris qu'il venait de se faire voler son idée en toute impunité. Mais il devait admettre que Job avait plus de diplomatie que lui.

— Quand commençons-nous ? s'exclama enfin un homme.

— Pourquoi pas aujourd'hui ? renchérit une femme.

— Ne nous pressons pas, mes amis. Préparons la chose ! Nous ne devons pas nous jeter dans la gueule du loup. Il ne s'agit pas de partir avec, dans le cœur, un sentiment d'invincibilité. Cela nous mènerait à notre perte !

Tous acquiescèrent avant de s'installer confortablement pour trouver quel tour pendable ils pourraient jouer aux hommes en noir. Personne ne se souvenait des initiatives de Betty quelque temps auparavant et encore moins de leur issue dramatique. Job et ses compagnons étaient portés par leur projet ; pour la première fois depuis longtemps, ils se sentaient utiles.

Peu de temps après, deux femmes partirent en courant en direction de la clairière. Elles revinrent aussitôt les bras chargés d'étoffes noires, qu'elles distribuèrent à la ronde. Tous s'en vêtirent, faisant tomber les plis pour faire en sorte d'être recouverts de la tête aux pieds. Job ramena sur son crâne un large pan pour cacher son visage.

— N'oubliez pas ! Les inquisiteurs ne doivent pas nous voir ! Ce sera d'autant plus difficile que nous opérerons en plein jour ! Le but est de les effrayer, de nous faire passer pour des démons. Ils ne seront pas dupes longtemps. Nous devons miser sur l'effet de surprise. Si vous sentez que les choses peuvent mal tourner, dispersez-vous. Nous nous retrouverons ici. L'accès à la clairière sera protégé.

Tous acquiescèrent en silence, la gorge serrée. L'idée de Job qui leur avait semblé bonne il y a quelques instants leur paraissait maintenant puérile et risquée. Mais personne n'osa émettre une objection.

— Coupons par les bois ! ordonna Job.

Il ouvrit le chemin, sombre silhouette s'enfonçant sous le couvert des arbres. En file indienne, tous ceux qui n'avaient pas réussi à trouver leur place dans les préparatifs de la clairière le suivirent. En un rien de temps, ils se retrouvèrent en vue du village. Là, à l'orée de la forêt de Belwack, ils s'arrêtèrent, fébriles. Job se tourna vers ses compagnons. Son sourire éclatant redonna courage à tous. D'un pas décidé, ils s'engagèrent sur le sinueux chemin de terre qui les mènerait directement au village. Quand ils parvinrent à destination, Job intima le silence à tous. Une précaution bien inutile puisque certains n'arrivaient même plus à respirer. Ils se cachèrent à un angle de rue et observèrent l'activité de la place du village. Des dizaines d'hommes en noir se reposaient çà et là, allongés dans la poussière ou assis sur la margelle de la fontaine. Ils fumaient, buvaient ou jouaient aux cartes. Mais cela ne trompait personne. L'ambiance était tendue chez les inquisiteurs.

Sans prendre conscience de la soudaine terreur de ses amis, Job sortit de sa cachette, haussa les bras au-dessus de sa tête dans une mimique ridicule et s'élança sur la place du village. Certains le suivirent tandis que d'autres, tétanisés, ne purent esquisser le moindre geste.

— Tremblez ! hurla Job d'une voix gutturale.

Les inquisiteurs, surpris, tournèrent la tête vers l'apparition. Beaucoup se levèrent d'un bond, prêts à attaquer.

— Traîtres au Seigneur, tonitrua Job, fils de chien ! Vous êtes la lie de votre race ! Vous méritez un châtiment. Le Seigneur a parlé. Le châtiment pour les pécheurs doit être la mort !

Job tourna brièvement la tête pour voir ce que faisaient ses compagnons. Il réprima un soupir. Les pauvres étaient terrorisés. Ils se tenaient les bras en l'air, une expression niaise peinte sur le visage. Chez les inquisiteurs, l'étonnement dominait. Ils hésitaient à attaquer car ils ne voyaient pas les visages de leurs assaillants trop loin d'eux. Cette plaisanterie stupide était peut-être le fait de certains des leurs. Néanmoins, ils ne pouvaient pas rester aussi vulnérables. D'un geste furtif, un inquisiteur lança un ordre. Aussitôt, tous se mirent en mouvement et, en quelques secondes à peine, Job et ses amis se retrouvèrent encerclés. La panique les gagna.

Daniel Andrew retira brusquement sa capuche et hurla :

— Job ! Ça suffit ! Il faut partir !

— Des villageois ! s'écria un inquisiteur.

Personne n'eut le temps de réagir. Les hommes et les femmes de la clairière virent fondre sur eux une horde d'inquisiteurs en colère. Job ne sut pas trop qui hurla le premier. Mais il comprit rapidement qu'il avait commis une erreur.

— Vous avez entendu ? s'alarma Betty en relevant le nez de son grimoire.

Autour d'elle, personne ne fit attention à ses paroles. Tous continuèrent à vaquer à leurs occupations. Mais après un deuxième hurlement, la jeune fille sauta sur ses pieds et courut en direction d'Abigail.

— Quelque chose ne va pas ! souffla-t-elle.

Sa cousine la regarda, sceptique. Betty était-elle encore en train de divaguer ? Des cris stridents retentirent alors. Abigail fixa Betty.

— Qu'est-ce que c'est ?

— Je crois que ça vient du village ! s'alarma Betty. Va chercher Ezra ! Vite !

Abigail ne se le fit pas dire deux fois et partit en courant.

— Ezra ! hurla-t-elle.

Le jeune homme se retourna, mécontent d'être dérangé pendant son entraînement. Mais quand il vit l'expression apeurée sur le visage de sa bien-aimée, il rejoignit celle-ci à grandes enjambées.

— Que se passe-t-il ?

— Il y a un problème au village.

— Quel genre de problème ?

— Je ne sais pas. Betty et moi avons entendu des cris.

— Sûrement les inquisiteurs qui sont soûls. Il n'y a aucune raison de s'inquiéter.

— Si ! Je crois que ces voix appartiennent à certains des nôtres.

Ezra fronça les sourcils et parcourut rapidement des yeux la clairière. Dans le coin de l'armurerie où ceux qui n'avaient pas de pouvoirs auraient dû se trouver, il ne restait que des enfants. Ezra sentit une poigne glacée serrer ses entrailles.

— Job ! souffla-t-il.

Il partit en courant, suivi par ses hommes et Abigail. Au centre de la clairière, près du feu, Betty et quelques sorcières de l'Alliance de Terwik se tenaient prêtes à partir.

— Il n'y a pas de temps à perdre ! s'exclama Ezra. Inutile de tergiverser : nous devons aller au village. Job a sans doute fait une ânerie plus grosse que lui, gronda-t-il.

Sans transition, il s'envola aussitôt, accompagné de ceux qui pouvaient voler. Les mâchoires serrées, Ezra se maudissait de ne pas avoir placé Job sous surveillance. Depuis son retour de Marblehead, et le succès de sa quête, il était devenu fanfaron, vantait ses mérites à qui voulait l'entendre et enjolivait ses histoires en y ajoutant de nombreux duels et rencontres avec des brigands. Ce jeu, au départ innocent, avait pris encore plus d'importance quand Job avait découvert qu'il n'avait pas de pouvoirs et ne pourrait pas s'entraîner avec Ezra. Les besognes fastidieuses auxquelles il avait été assigné avaient dû le conduire à poser un acte inconsidéré. Ezra était surtout inquiet pour ceux qui avaient accompagné Job aveuglément.

En arrivant à proximité du village, Ezra ralentit avant d'atterrir violemment sur le sol. Au pas de course, il s'enfonça dans les rues. La vue de la place publique le figea d'horreur. Job avait emmené avec lui une dizaine de personnes. Seuls lui et Daniel Andrew étaient encore debout, encerclés par une horde d'inquisiteurs en rage qui jouaient avec leurs prisonniers comme un chat avec sa proie. Les deux hommes semblaient hagards.

Ezra tendit les mains devant lui et un épais mur de glace entoura les villageois sans pouvoirs.

— Vous allez bien ? demanda-t-il.

— Ezra ! s'exclama Daniel.

— Ezra, je suis tellement désolé… murmura Job, piteux.

— Ce n'est pas le moment. Je ne suis pas seul. Nous allons vous tirer de là. Est-ce que les autres sont…

— Non ! Les inquisiteurs les ont assommés.

Ezra jura en serrant les dents. Abigail, Betty, Sally, Lucy et Rosaly atterrirent à cet instant à l'intérieur du mur de glace. Ezra se tourna vers elles.

— Il n'y a pas de temps à perdre. Ramenez-les tous. Mon mur ne tiendra plus longtemps.

De l'autre côté de l'épaisse couche de glace, les inquisiteurs, fous, grattaient et essayaient de grimper. Un homme en noir, plus costaud que les autres, se précipita, une hache à la main, et ouvrit une large brèche dans le mur. Aussitôt, les femmes chargées des corps s'envolèrent. Ezra fonça dans le tas, décocha un coup de poing sur le nez d'un inquisiteur. L'appendice craqua sinistrement et un flot sombre s'en écoula aussitôt. L'homme s'écroula. Ezra lança des sorts à droite et à gauche sans choisir une cible en particulier. Il voulait avoir tous les inquisiteurs. Job et Daniel se défendaient tant bien que mal et Ezra leur tournait autour pour les protéger.

— Tituba, dit Patton, je crois que je sais quel plan d'attaque nous pourrions utiliser.

— Je serais curieuse de l'entendre, susurra la Barbadienne, mielleuse.

Patton ne releva pas le ton de mépris qu'il avait perçu dans la voix de Tituba. Il y était habitué. Il exposa en quelques points son idée et trembla de fierté quand il vit passer dans les yeux de la sorcière une étincelle d'approbation.

— Qu'en pensez-vous ? demanda-t-il, avide.

— C'est une idée quelconque. Vous n'obtiendrez aucun honneur avec cette méthode. Mais c'est pour ça qu'elle fonctionnera. Allez expliquer le plan aux hommes de votre garde rapprochée. Ils s'occuperont de mettre au courant le reste des effectifs.

Et sans un mot de plus, elle disparut. Patton serra les poings et se retint d'insulter la sorcière. La dernière fois qu'il avait exprimé sa rage, Tituba était revenue, furieuse et tellement intimidante que Patton avait reculé. Elle l'avait agrippé à la gorge et avait psalmodié des mots qu'il ne comprenait pas. Dans sa bouche, sa langue s'était mise à enfler, manquant de l'étouffer. Patton avait paniqué et s'était débattu sans réussir à se dégager de la terrible poigne de la Barbadienne. Quelques secondes plus tard, une pierre avait remplacé sa langue. Après avoir rompu le sort, la Barbadienne lui avait fait promettre de ne plus jamais l'invectiver.

Patton passa une main dans ses cheveux filasses, les coiffa rapidement en arrière, s'empara de son chapeau. Il pénétra ensuite dans la pièce attenante, là où séjournaient ses plus fidèles hommes de main.

— Écoutez-moi, cria-t-il en jetant un regard noir à Tituba qui l'observait, un sourire moqueur étirant ses lèvres. Nous avons trouvé un plan pour attaquer les sorcières et, ainsi, nous assurer la victoire.

Ed, qui se trouvait là, se releva brusquement et écouta attentivement les paroles de Patton.

— Je ne vous cache pas que c'est un plan qui manque cruellement d'honneur.

À ces mots, la plupart des hommes en noir sourirent d'un air entendu.

— Mais face aux démons, il n'y a pas d'autre moyen.

— Dites-nous tout ! s'exclama Ed sans remarquer le regard suspicieux que lui lança Tituba.

— Ah ! J'aime ton impatience, mon petit ! approuva Patton. Voilà le plan : plusieurs inquisiteurs iront mettre le feu à la clairière. Ils dresseront de nombreux bûchers tout autour pour coincer les habitants de la clairière. Je veux que les plus faibles périssent dans le brasier.

Ed serra les poings mais parvint à se contenir.

— Les plus vaillants sortiront de leur bulle de protection. Le seul chemin sûr sera celui qui les mènera dans le champ à l'orée de la forêt. Et là, nous les y attendrons. Ils seront aveuglés, essoufflés, terrorisés. Ils ne parviendront plus à se défendre. Je veux que ce soit un massacre, ajouta Patton, cruel. Je ne veux pas de survivants. Toutes ces sorcières doivent disparaître. Alors voilà la méthode. Nous les attaquerons en traîtres comme elles l'ont déjà fait avec nous. Mais nous n'aurons pas leur pitié.

Les cris des inquisiteurs présents ponctuèrent ses paroles.

— Allez prévenir vos camarades ! cria Patton. Allez leur dire que la victoire est proche !

À ce moment, des bruits de bagarre parvinrent de l'extérieur.

Tituba tendit l'oreille.

— Vos hommes ne savent pas se tenir, Patton, cracha-t-elle. Je ne suis pas aussi sûre que vous de notre victoire. Peut-être faudrait-il leur interdire de boire !

Elle jeta un regard haineux sur l'assemblée et sortit en claquant la porte. Elle se dirigea vers l'endroit où semblait avoir éclaté une échauffourée.

Du coin de l'œil, Ezra vit arriver Tituba; il jura intérieurement. Décidément, elle ne perdait pas une occasion de s'amuser. Dans le ciel bleu de l'après-midi, Betty et Abigail revinrent prêter main-forte à Ezra. Elles se lancèrent dans un combat acharné contre une horde d'hommes rageurs.

— Il faut qu'on s'en aille! hurla Abigail.

Ni Betty ni Ezra ne lui répondirent, concentrés dans leur combat. Abigail agrippa le bras de Daniel Andrew puis voulut prendre celui de Job. Celui-ci se dégagea violemment.

— Je reste! cria-t-il. Tout est ma faute!

— Tu ne nous serviras à rien mort! glapit Abigail. Tu ne peux rien faire!

Elle essaya de refermer ses doigts sur le poignet de Job. Ce dernier voulut s'enfuir, mais la jeune fille s'envola aussitôt, chargée de son fardeau. Abigail eut bien du mal à décoller tant Job s'agitait.

— Arrête! Tu vas nous tuer tous les trois!

— Laisse-moi!

— Job!

L'homme se débattit si bien qu'Abigail perdit de l'altitude. Job profita du léger relâchement pour donner un coup d'épaule à la jeune fille qui se crispa, ouvrant sa main. Quand Job comprit qu'il était libre, il sourit. Mais il se sentit chuter.

— Ezra ! hurla Abigail. Rattrape Job !

Le jeune sorcier, déconcentré, tourna la tête vers Abigail. En deux secondes, il jaugea la situation. Il n'aurait jamais le temps de secourir Job, mais il pouvait faire en sorte que son atterrissage soit plus doux. Il tendit les mains pour rendre le sol moelleux quand une douleur fulgurante lui irradia l'épaule. Il regarda la pointe noire qui avait traversé son torse. Une étrange lame noire effilée. Comme dans un rêve, Ezra se sentit tomber à genoux, soudain faible. Il essaya d'attraper le manche du poignard, mais il n'y arriva pas. Du sang chaud coulait sur lui, poissant sa fine tunique. Quelqu'un dans son dos lui attrapa la nuque et empoigna le manche de l'arme. Ezra bénit cette personne, pensant que dès que la lame aurait quitté son corps l'atroce douleur partirait aussi. Mais quand il sentit le tranchant repasser dans ses chairs, il faillit vomir. La douleur était telle qu'il crut qu'il allait devenir fou. Il sentit une main calleuse agripper ses longs cheveux et lui pencher la tête en arrière, dénudant sa gorge, l'offrant au poignard. Ezra ne pouvait plus bouger. Une étrange chaleur bourdonnait dans son épaule. Ce n'était pas une chaleur bienfaisante comme lorsque le soleil chauffait sa peau après un bain revigorant dans la rivière. C'était la chaleur lancinante d'une fièvre mortelle. Il leva les yeux au ciel, aperçut Abigail qui le regardait, les yeux exorbités, des larmes coulant sur ses joues. La bouche grande ouverte, elle criait. Mais Ezra n'entendait plus rien. Il venait de s'évanouir.

3

— Enlevez-lui sa tunique ! Vite ! somma Sally.

Abigail attrapa un long couteau de cuisine et entreprit de découper l'étoffe le long du torse d'Ezra. Sally arracha les pans du vêtement, puis elle et Betty retournèrent le jeune homme sur le ventre. La vision de l'épaule d'Ezra arracha un cri de dégoût à Betty. La chair avait noirci tout autour de la plaie béante et la blessure était infectée. La lame devait être empoisonnée car de petites bulles s'échappaient de la plaie, fumant légèrement et exhalant une odeur putride.

— Il faut extirper le poison, déclara Sally.

— Mais comment ? s'inquiéta Abigail.

— Toi et ta cousine, partez. Je ne veux pas que vous voyiez ça.

— Qu'est-ce que vous allez faire ? s'écria la jeune fille, paniquée.

D'un regard, Sally demanda à Betty d'intervenir. La jeune fille s'empara du bras de sa cousine et l'entraîna à l'écart tout en lui murmurant des paroles de réconfort. Abigail ne pouvait pas détacher son regard du jeune homme allongé, les yeux clos, la respiration difficile, immobile comme la mort… Une larme perla des yeux d'Abigail ; elle ne pensa même pas à l'écraser. Un poids horrible pesait sur son cœur. Elle était en train de perdre celui qu'elle aimait. Les trois porte-parole de l'Alliance de Terwik firent écran et Abigail ne put plus voir son bien-aimé, mais seulement le dos des sorcières qui s'étaient penchées sur Ezra.

— Viens, murmura Betty en tirant sa cousine par la main. Laissons-les tranquilles. Elles sauront quoi faire. Ne t'inquiète pas. Ezra est fort, il surmontera cette épreuve. Je te promets que tout ira bien. Viens, Abi.

Hagarde, Abigail suivit Betty. Elles retournèrent vers le centre de la clairière où toute la population les attendait, inquiète. Tous avaient délaissé leurs occupations pour venir prendre des nouvelles d'Ezra. Un peu à l'écart, penauds et fixant leurs pieds, se trouvaient les trouble-fêtes, ceux qui avaient déclenché cette inutile bataille. Soudain furieuse, Abigail fonça sur eux, déstabilisant Betty qui faillit tomber. Lorsque les coupables virent arriver la jeune fille, ils reculèrent, effarés. Les yeux d'Abigail lançaient des éclairs et son regard était d'autant plus impressionnant que de grosses larmes coulaient sans bruit sur ses joues.

— Qu'est-ce qui vous a pris ? hurla Abigail, faisant sursauter tout le monde. À quoi jouiez-vous ? Vous êtes donc si bêtes ? Vous auriez pu mourir ! Si Ezra n'était pas arrivé, vous seriez tous morts à l'heure qu'il est. Il s'est sacrifié pour vous et il a été gravement blessé !

Elle se tut brusquement et se pencha en avant, les mains sur les genoux comme pour reprendre son souffle. Elle poussa un cri terrible, un cri de détresse comme personne n'en avait jamais entendu. Abigail tomba à genoux, les mains dans la terre, et elle continua de hurler jusqu'à ce que Betty se précipite sur elle pour la serrer dans ses bras. Autour d'elles, tout le monde s'était figé, regardant les jeunes filles essayer tant bien que mal de se consoler l'une l'autre. Finalement, au bout de quelques minutes, Betty, avec l'aide d'une femme de la clairière, parvint à relever sa cousine et l'emmena s'allonger dans le creux de leur arbre. Aussitôt que sa tête toucha le sol, Abigail s'endormit. Betty la veilla un moment, mais malgré un sommeil très agité et ses larmes qui ne cessaient de couler, la jeune fille ne se réveilla pas.

Même si elle était épuisée, Betty ne voulait pas dormir. Elle ressortit de l'arbre et s'approcha des sorcières de Terwik, toujours penchées sur le corps inanimé d'Ezra. Elle s'assit sur une souche d'arbre, ramena ses genoux contre sa poitrine et attendit. Les trois sorcières, les mains posées à plat sur la nuque, le dos et le creux des genoux du jeune homme, psalmodiaient en chœur une litanie de mots qui n'appartenaient pas à une langue connue de Betty. Régulièrement, Ezra poussait des cris qui glaçaient le sang. Chaque fois, Betty se félicitait que sa cousine se soit endormie. Pour rien au monde elle n'aurait voulu qu'Abigail entende cela. Un liquide noir et sirupeux s'écoulait sans cesse de l'épaule du jeune homme et formait une flaque épaisse sur le sol qui ne le buvait pas. La substance fumait toujours, exhalant une odeur de chair putréfiée.

— Mes sœurs, murmura Sally, visiblement à bout de souffle. Je ne sais plus quoi faire. Ce poison semble ne jamais s'arrêter de s'écouler. Pensez-vous qu'il ait pu atteindre tout l'organisme ?

L'estomac noué, Betty tendit l'oreille.

— Je crois que cette magie relève de compétences que nous ne possédons pas, déclara Rosaly. Cette Tituba est décidément plus forte que nous !

— Ou plus retorse ! cracha Lucy. Elle n'a rien d'une sorcière. C'est un bourreau qui ternit notre communauté !

Sally tenta d'apaiser sa compagne :

— Allons, allons ! L'important est de sortir Ezra de ce mauvais pas. Nous devons continuer. Et si nous devons y passer la nuit, alors c'est ce que nous ferons.

Les deux autres sorcières approuvèrent avec vigueur et Betty sentit son cœur se réchauffer. Ces femmes n'étaient pas du genre à se laisser abattre. Sally, Lucy et Rosaly sauveraient Ezra, elle en était sûre. Betty ne voulait pas succomber tout de suite au sommeil, alors elle se releva et décida d'aller voir ceux qui s'étaient laissés entraîner par Job. Elle les dénicha dans un coin de la clairière si reculé que le feu central ne pouvait même pas les atteindre. Ils s'étaient terrés dans la noirceur. Malgré leur évidente culpabilité, Betty ne pouvait se résoudre à leur en vouloir. Elle ne revoyait que trop bien son propre bannissement, expérience qu'elle ne souhaitait à personne. Elle vint s'asseoir près d'eux. Personne ne lui parla.

— Je sais ce que vous ressentez, dit-elle doucement.

Comme nul ne réagissait, elle poursuivit.

— Il m'est arrivé la même chose. Vous vous souvenez ? Vous avez d'ailleurs fait partie de ceux qui ne voulaient plus de moi ici. Et je ne vous en veux pas. Je comprends. Mais vous ne voulez pas me dire ce qui vous a pris ?

Daniel Andrew bomba un peu le torse et regarda ses compagnons. Comme personne ne semblait avoir envie de prendre la parole, il se lança.

— Notre but était louable, Betty. Nous voulions seulement vous aider et ne plus être inutiles dans cette clairière.

— Mais vous vous rendez compte que votre idée était… stupide et dangereuse, avança Betty. Nous sommes nombreux à avoir des pouvoirs ici, nombreux à nous entraîner fort pour avoir une chance de vaincre Tituba et les inquisiteurs. Vous n'êtes qu'une poignée ! À quoi aspiriez-vous ? Heureusement que vous vous en êtes tous tirés sains et saufs !

Daniel leva brusquement les yeux, le regard furieux.

— Sains et saufs ? souffla-t-il. Est-ce que tu vois Job quelque part ?

Betty sursauta et balaya la clairière du regard. Effrayée à l'idée que Job ait pu être arrêté par les inquisiteurs, elle demanda sur un ton pressant :

— Où est-il, Daniel ? Dites-moi où il est ! Si Patton l'a pris, nous devons le libérer avant qu'il ne parle sous la torture !

— Ce ne sera pas nécessaire, déclara Daniel, amer.

— Qu'est-ce que vous voulez dire ?

— Voyons, Betty, ça me paraît évident ! ricana Daniel. Job est mort !

Tituba tournait en rond dans sa petite chambre. Les mains serrées sur un étrange poignard à la lame noire, elle répétait les mêmes mots.

— Il paiera… Il paiera…

Elle s'arrêta brusquement et fixa le couteau. Ses yeux se voilèrent et elle pensa à ce que Man Yaya lui avait confié autrefois.

— Tituba, ce poignard est plus sacré que n'importe quel objet que tu pourras trouver dans notre communauté. Si je t'en fais cadeau aujourd'hui, c'est parce que je pense que tu es maintenant digne de t'en servir et de faire honneur au guerrier auquel il a appartenu. Ai-je raison ?

Tituba, encore une enfant, avait hoché la tête avec véhémence, avide de rendre Man Yaya fière d'elle. Elle avait tendu une main tremblante vers l'arme. Mais la vieille sorcière avait aussitôt écarté le couteau, l'air furieux. Tituba avait baissé la tête docilement et attendu les explications de Man Yaya.

— Cette lame circule dans la famille depuis des générations. Elle appartenait à mon arrière-arrière-arrière-grand-père.

La jeune Tituba avait eu bien du mal à compter sur ses doigts le nombre d'années que cela faisait.

— Son nom était Gurva. Il était le chef d'un peuple qui a aujourd'hui disparu : les Stragos. Ceux-ci étaient de redoutables guerriers qui tatouaient sur leur corps le nombre de leurs victimes. Il n'était pas rare de trouver des hommes qui n'avaient plus un morceau de peau disponible. Les Stragos ne se battaient ni pour la gloire ni pour la possession. La guerre était leur moteur, leur manière de rester en vie. Comprends-tu ?

Tituba avait hoché la tête, fascinée.

— Les Stragos étaient divisés en trois clans : le clan des Guerriers, le clan des Artisans et le clan des Perpétueurs. Gurva était le chef de ce dernier clan. Les hommes et les femmes qui en faisaient partie étaient en meilleure santé que les autres, plus forts, plus redoutables aussi. Souvent plus beaux. Ce clan avait pour mission de faire vivre son peuple et de lui fournir un grand nombre d'enfants pour perpétuer sa culture. Mais ils avaient aussi le droit de se battre. Sans prendre de risques toutefois. Ils étaient d'adroits archers et de redoutables lanceurs de couteaux. La lame que je tiens a été forgée par Gurva dans une marmite contenant le sang de ses ennemis. Il l'a laissée macérer trois mois, l'a travaillée tous les jours pour lui donner cette forme lisse et arrondie. Au bout de trois mois, la lame était devenue de jais. Quand il coupa une fleur pour voir si le tranchant de l'arme était assez acéré, la fleur se racornit instantanément et tomba en poussière entre ses mains. Il avait créé un poison puissant qui pouvait tuer en quelques secondes de petits êtres vivants. Il découvrit plus tard que le poison prenait plusieurs jours pour éliminer un humain. Cette lame est sacrée, Tituba. Ne l'utilise qu'à bon escient ! Toujours ! Gurva n'aurait jamais toléré le gaspillage. Cela fait trente ans que j'ai cette lame et je ne l'ai jamais utilisée car personne ne méritait cet honneur.

Tituba sortit de sa torpeur et battit des paupières pour chasser le visage intransigeant de Man Yaya. Elle pensait que la vengeance était un bon motif pour utiliser le poignard. Mais elle s'était trompée de cible et la Barbadienne regrettait de s'être laissée aller. Le poignard de Gurva avait été souillé par Ezra. Et c'était la faute de Tituba. Elle se demanda brièvement si Man Yaya, par-delà les ténèbres, pouvait savoir ce qu'elle avait fait, victime de sa haine et de son impétuosité. La vieille sorcière lui avait souvent fait peur lorsqu'elle était enfant en lui disant que même après sa mort elle suivrait d'un œil attentif tous ses faits et gestes. Tituba avait longtemps attendu un signe de sa part, mais n'avait jamais rien reçu. Cela n'empêchait pas l'ancienne frayeur de rester bien vivace.

— De l'eau, gémit Nathan Redd. Je vous en supplie, donnez-moi de l'eau.

Le pauvre homme était couché en fœtus sur le sol souillé, la tête dans du foin qui sentait le moisi. Ses vêtements raides de crasse, sa barbe broussailleuse et ses cheveux gras le faisaient ressembler à un mendiant. Nathan Redd était enfermé depuis plusieurs semaines et son esprit était en train de se perdre. Il n'avait droit qu'à un gobelet d'eau rance par jour, et la dernière fois qu'il avait mangé remontait à plusieurs jours. On lui avait donné une soupe au chou si claire qu'il avait pu se voir dedans. Son reflet lui avait fait peur : les traits émaciés, les joues creuses, les yeux enfoncés dans leurs orbites et surtout ce regard de bête traquée. Il ne s'était pas reconnu. Une pensée lui avait immédiatement traversé l'esprit : il allait mourir dans ce trou infâme comme un chien. En partant de Boston, il n'avait laissé aucun ordre sur ce qu'il y aurait à faire s'il ne revenait pas. Il n'avait jamais pensé que cela pourrait lui arriver. Personne ne s'inquiétait encore. Cela faisait trop peu de temps. Et Sam ne savait pas qu'il était retenu prisonnier à quelques mètres à peine de lui. Les premiers jours, Nathan s'était fustigé d'avoir été si crédule, si naïf et de n'avoir pris aucune précaution. Après, la rage et la colère avaient pris le dessus et il avait tempêté contre ses gardiens de geôle. Une correction en règle l'avait laissé longtemps dans l'incapacité de parler et de bouger. La désolation et le désespoir étaient en train de finir le travail. Nathan Redd croupirait dans cette cellule jusqu'à ce que mort s'ensuive.

Un regain d'énergie le fit se soulever sur son coude droit et il hurla :

— DONNEZ-MOI DE L'EAU !

Des pas se firent entendre. Épuisé et soulagé, Nathan se laissa tomber lourdement. Il n'eut pas la force de bouger la tête quand la grille de sa cellule s'ouvrit, et ne leva pas les yeux quand deux pieds chaussés de lourds souliers noirs se postèrent devant lui.

— As-tu bientôt fini de beugler ? gronda l'inquisiteur. C'est de l'eau que tu veux ?

— Oui, murmura Nathan. S'il vous plaît.

— Tu en as déjà eu ce matin !

— Pitié, souffla le pauvre homme. Pitié…

Il agrippa la cheville de l'inquisiteur d'une main tremblante. Celui-ci recula brusquement et donna un violent coup de pied dans les côtes du prisonnier. Le souffle coupé, Nathan ne put même pas gémir et il sentit des larmes couler sur ses joues. La douleur était intolérable.

— Ne me touche pas, vermine ! Et maintenant, je ne veux plus t'entendre. Sinon, la prochaine fois, je serai moins gentil !

L'inquisiteur quitta la cellule et ferma la grille brutalement ; elle résonna longtemps après son départ. Nathan Redd essaya tant bien que mal de reprendre haleine. Il haletait difficilement et commençait à paniquer. Ses poumons ne s'ouvraient pas.

— Calmez-vous, chuchota une voix qui venait de derrière le mur du fond. Respirez profondément. Allongez-vous sur le dos et inspirez.

Nathan obéit à la voix. Au bout de quelques minutes, il fut soulagé de constater que sa respiration reprenait un rythme normal. Il se traîna laborieusement jusqu'au mur du fond et s'étendit sur sa couchette de paille.

— Qui êtes-vous ? demanda-t-il.

— Un prisonnier, comme vous.

— Pourquoi êtes-vous là ?

L'homme ne répondit pas. Mais Nathan ne voulait pas abandonner. Cette voix était son premier contact humain depuis des semaines. Les inquisiteurs ne comptaient pas, car ils le traitaient comme un animal.

— Allons, dit tout bas Nathan. Vous n'avez rien à craindre. Nous savons vous et moi que nous mourrons ici. Alors autant faire en sorte que nos derniers moments soient plus agréables. Comment vous appelez-vous ?

— David.

— Enchanté, David. Je m'appelle Nathan.

— Bonjour.

— Vous avez l'air jeune. Dites-moi qui vous êtes. Et pourquoi vous êtes là.

— Et vous ?

— Oh ! Ce n'est pas très compliqué. Je suis juge à Boston et je suis venu chercher mon fils qui s'est engagé dans l'inquisition sans mon accord.

— Mais comment vous êtes-vous retrouvé dans ce trou à rats alors ?

— Il s'avère que Patton et moi avons un lourd passé.

— Oh, je vois, murmura le jeune homme. Et Patton ne pardonne pas.

— C'est ça. Mais comment le savez-vous ?

Un silence pesant tomba et Nathan se mit à frissonner. Cette voix, c'était son port d'attache. Il ne supportait déjà plus de ne pas l'entendre.

— Je vous en prie, souffla-t-il. Répondez-moi.

— Je suis un inquisiteur.

Nathan sursauta. Il ne s'était pas du tout attendu à une telle révélation.

— Alors pourquoi êtes-vous là ?

— J'ai désobéi aux ordres. Tout simplement. Je n'ai pas voulu tuer une mère et sa fille. Patton voulait faire de ces meurtres un exemple. Et j'ai refusé.

— Mais quel âge avez-vous, jeune homme ?

— J'ai seize ans.

— Mon Dieu ! s'exclama Nathan. Comment avez-vous pu vous retrouver impliqué si jeune dans ce cauchemar ?

— C'est une longue histoire.

— Nous avons tout notre temps.

Derrière le mur, Nathan crut entendre un reniflement. Puis des hoquets suivirent et se transformèrent en longs sanglots. Le juge Redd sentit son cœur se serrer.

— Ne pleurez pas, je vous en prie. Je risque de vous accompagner et alors de quoi aurons-nous l'air ? De deux hommes pleurant comme des enfants !

Sur ses joues avaient aussi commencé à couler quelques larmes amères.

— Vous… vous avez dit… hoqueta David, que nous allions mourir ici !

Nathan se mordit les lèvres. Comment avait-il pu être aussi stupide ? Ce n'était qu'un gamin ! Dans un effort qui lui arracha un gémissement de douleur, il s'assit sur sa couche et plaqua ses mains contre le mur de pierres froides.

— Écoutez-moi, David ! Je ne sais pas comment nous ferons, mais je vous promets... je vous promets de faire tout ce qui est en mon pouvoir pour nous sortir d'ici. Je suis quelqu'un de connu à Boston. On remarquera vite mon absence et on viendra me chercher. Mon majordome sait où je me trouve. Il alertera les bonnes personnes et nous sortirons d'ici. Vous m'entendez ?

— C'est vrai ? demanda David d'une voix tremblante.

— Je vous en fais la promesse.

Pour la première fois de sa vie, Nathan s'était parjuré. Il en éprouvait une honte cuisante et un dégoût profond, mais il aurait dit n'importe quoi à ce gamin pour lui redonner espoir. Ce que David ne savait pas, c'est qu'avant son départ Nathan avait congédié son majordome sans l'informer de sa destination. Et quand Grenwyd, son successeur pour le procès, lui avait demandé où il se rendait, Nathan lui avait cordialement demandé de se mêler de ses affaires.

Nathan était seul et il venait de mentir à un enfant.

4

Plusieurs jours étaient passés depuis l'attaque irresponsable de quelques membres de la clairière et Ezra était toujours inconscient. Les fautifs faisaient profil bas, mais ils restaient la cible des angoisses et de la fatigue des autres. Ils ne se déplaçaient qu'en groupe, tous réunis autour de Daniel Andrew, chef malheureux depuis la mort de son ami Job. Ils n'avaient pas été bannis car la Confrérie avait besoin de tous les bras disponibles pour construire un semblant de défense. Mais on ne leur confiait que des tâches subalternes, celles-là mêmes qui les avaient menés à se conduire de façon si inconsidérée. Ils ne s'en plaignaient plus et s'acquittaient de tout ce qu'on leur demandait sans rechigner. Ils avaient le cœur serré depuis la mort de Job. Mais personne dans la clairière ne parlait jamais de celui-ci. Daniel en frémissait de rage. Betty et Abigail avaient clairement fait comprendre aux membres du petit groupe de ne pas se faire remarquer, mais Daniel était profondément offensé par la manière dont on les traitait. Et il n'était pas le seul à trouver cela injuste. Aussi quand une sorcière vint jeter à ses pieds une bassine pleine de vaisselle sale et malodorante sans lui dire un mot ni lui jeter un regard, il bondit sur ses pieds et attrapa violemment la femme par le bras.

— Ne me traite pas comme ça, Martha Carrier! gronda-t-il, hors de lui. Tu ne vaux pas plus que moi ici. N'oublie pas que nous venons du même monde. Alors que je ne te reprenne plus jamais à me traiter de la sorte!

Martha essaya de se dégager mais en vain. La terrible poigne de Daniel lui meurtrissait le bras et elle commença à gémir. Avec ses cris, Daniel avait ameuté les gens qui s'affairaient autour. Bientôt, deux sorcières se portèrent au secours de leur consœur et essayèrent tant bien que mal de desserrer les doigts de l'homme en colère. La tension monta d'un cran et plusieurs femmes qui avaient accompagné Daniel et Job dans leur expédition prêtèrent main-forte à leur ami. Aussitôt, du côté de Martha se réunirent plusieurs sorcières. Les insultes fusèrent, ainsi que les coups et les sorts bénins. Mais un véritable affrontement venait d'éclater et au centre se tenait toujours Daniel qui secouait maintenant Martha avec violence sans faire attention aux mains multiples qui essayaient de lui faire lâcher prise. Daniel hurlait, complètement indifférent à ce qui se déroulait autour de lui.

— Job est mort et tout le monde s'en fiche: pas une pensée, pas une prière, pas une veillée pour son âme! Il est mort et personne ne s'inquiète de ce que les inquisiteurs ont pu faire de son corps. Vous nous faites passer pour les méchants, mais nous voulions seulement vous aider. Vous nous traitez comme des moins que rien!

Martha roulait des yeux effrayés devant l'air fou de Daniel, et la douleur cuisante sous les doigts de l'homme lui fit rapidement monter les larmes. Les sorcières et les femmes se battaient avec acharnement, soulageant ainsi leur trop-plein d'angoisse de ces derniers temps. Quand les enfants et les hommes vinrent à la rescousse des fauteurs de troubles, la clairière ne fut plus qu'un immense pugilat d'où fusaient cris, coups de pied et coups de poing indistincts.

Sally et ses sœurs de Terwik, accompagnées de Betty et d'Abigail, s'étaient un peu éloignées de la clairière pour pouvoir discuter loin des oreilles indiscrètes. Dans l'anfractuosité d'un arbre vieux de cinq cents ans, elles s'étaient installées sur un confortable tapis d'aiguilles de pin. Sally avait jeté un champ de protection dans une circonférence de quelques pieds autour du tronc. Ainsi, elle et ses compagnes étaient tranquilles et en sûreté. Elles s'étaient réunies pour parler de ce qui les attendait et de ce qu'elles redoutaient. Le combat avec les inquisiteurs était inévitable. Il arriverait tôt ou tard et il fallait qu'elles soient prêtes. Quand leur parvinrent les sons étouffés d'une altercation, elles pensèrent immédiatement à Daniel Andrew. Ensemble, elles avaient précédemment évoqué son cas et avaient souligné son comportement de meneur. L'issue de l'action menée par Job ne s'était pas inscrite dans l'esprit de Daniel comme un échec cuisant. Il serait tenté de recommencer et elles craignaient que la pression de son entourage ne le pousse plus vite que prévu à une limite qui mettrait de nouveau la clairière en danger. Elles entendirent un craquement tout près d'elles et se figèrent. Une respiration affolée les fit se redresser et Abigail hurla lorsque la tête hirsute d'Emma apparut à côté du tronc d'arbre. La petite, complètement terrorisée, regarda Sally avec des yeux ronds, incapable de dire un mot.

Elle prit une grande respiration pour faire taire la douleur cuisante de ses poumons.

Emma retrouva ensuite la voix :

— Il faut que vous veniez tout de suite ! s'écria-t-elle.

Paniquées, les cinq femmes sautèrent sur leurs pieds et suivirent l'enfant qui galopait entre les arbres. Sally se demanda brièvement comment Emma avait pu les trouver et briser son sort de protection. À quelque distance de la clairière, les sorcières s'envolèrent dans un bel ensemble et Abigail agrippa le bras de la petite fille qui continuait à courir, affolée. Elles atterrirent au centre de la clairière et ne comprirent pas tout de suite ce qui se passait. Un épais nuage de poussière obstruait la vue. Des cris retentissaient, des ombres couraient dans tous les sens.

— Nous sommes attaqués ! hurla Betty.

Elle et sa cousine se mêlèrent au groupe le plus proche pour essayer de toucher l'ennemi. Il ne leur fallut pas plus de quelques secondes pour se rendre compte qu'aucun inquisiteur n'était parvenu à pénétrer leurs protections. Les habitants de la clairière se battaient entre eux. Abasourdies, les deux jeunes filles restèrent clouées sur place. Emma vint se coller contre leurs jambes.

— C'est ce que je voulais vous dire, souffla-t-elle. Ils sont tous devenus fous !

Sally n'en revenait pas. Son visage s'empourpra d'un coup. Du bout de deux doigts, elle effleura sa gorge.

— ARRÊTEZ ! tonitrua-t-elle.

La voix de Sally résonna tellement que Betty, Abigail et Emma, qui étaient proches de la sorcière, se bouchèrent les oreilles en grimaçant. Tout le monde figea dans la clairière, et même alentour : les inquisiteurs montant la garde se firent surprendre dans leur ennui et sursautèrent violemment. Sally, avec son air furieux qui la grandissait d'un coup, déambula parmi les petits groupes de perturbateurs et leur lança des regards qui donnèrent aussitôt envie à tout le monde de rentrer sous terre. Betty et Abigail sentirent monter en elles une fureur incontrôlable.

— Regardez-vous, gronda Sally. Vous n'avez pas honte ? Vous vous chamaillez comme des enfants alors que vous êtes dans le même camp… Comment pouvons-nous seulement espérer vaincre les hommes en noir si, dans notre propre groupe, nous nous comportons comme des sauvages ? Vous n'avez pas encore compris que seules la loyauté les uns envers les autres et une confiance sans faille nous permettront de vaincre ? Si vous vous divisez et déclenchez des disputes intestines, ce sera la fin de notre communauté ! C'est ce que vous voulez ?

Autour d'elle, tous regardaient leurs chaussures.

— Cela vaut pour vous aussi, mes sœurs de Terwik. Aujourd'hui, et pour la première fois depuis que nous avons créé cet ordre, vous me faites honte. Faire passer vos petites querelles avant le bien des sorcières n'est pas digne de vous.

— Et de vous non plus, renchérit Betty en pointant le doigt vers un groupe de la Confrérie. Quelle honte ! Vous vous connaissez tous et vous visez tous le même objectif : bouter les inquisiteurs hors de notre village.

De votre village ! Vous l'avez construit ensemble. Vous y avez vécu, vous êtes amis. Si nous ne sommes pas capables de faire front commun, alors dispersons-nous maintenant. Prenez vos affaires et quittez Salem. Il n'y a plus rien pour vous ici. Les inquisiteurs prendront le contrôle du village et ils le feront disparaître. Ils le brûleront et ce sera trop tard pour pleurer. Il ne renaît jamais rien des cendres.

— Regardez ! s'exclama Abigail.

D'un large mouvement du bras, elle embrassa la clairière. Une partie avait été ensevelie sous la terre meuble qui tapissait le sol. Certains panneaux qui séparaient deux modestes habitations s'étaient écroulés, renversant au passage des armoires de fortune qui avaient éparpillé tout leur contenu par terre. Le feu central qui brûlait en permanence n'était plus qu'un tas de cendres d'où s'exhalaient quelques fumerolles. Mais ce qui choquait le plus Abigail, c'était de voir la marmite dans laquelle mijotait un ragoût. Celle-ci gisait sur le côté, et le mets appétissant s'en échappait peu à peu.

— Qu'est-ce que vous croyez ? reprit la jeune fille, frémissante. Qu'il est facile de trouver de la nourriture pour autant de personnes ? Nous sommes presque soixante ! Non seulement le gibier se fait rare dans la forêt à cause des inquisiteurs qui pillent tout, mais en plus nous nous efforçons de trouver autre chose que de quoi faire de la soupe. Vous ne méritez pas tout le mal que nous nous donnons pour vous. Betty a raison. Si vous n'êtes pas capables de vous serrer les coudes, partez ! Partez maintenant et ne vous retournez pas. Je crois savoir ce qui a motivé cette ridicule bagarre. Et je ne pense pas qu'il serait content d'en être le motif. Nos sœurs de Terwik font leur possible pour guérir Ezra. Mais s'il se réveillait maintenant, que dirait-il en vous voyant ? Croirait-il que cela vaut la peine de mourir pour la cause que nous défendons ? Que vous êtes de loyaux combattants ? Non. À l'instar de Sally, je pense qu'il mourrait de honte… Et il aurait raison !

— Nous nous battons pour nous-mêmes ! poursuivit Sally. Mais nous nous battons surtout les uns pour les autres car la solitude n'est pas pour nous ! Qu'arrivera-t-il si vous vous séparez maintenant ? Qu'arrivera-t-il si certains d'entre vous restent sensibles à notre cause et nous aident à libérer le village ? Ceux qui se seront exemptés de cette tâche ne pourront pas revenir les mains dans les poches quand tout le travail aura été fait. NOUS N'Y ARRIVERONS PAS SI NOUS NE RESTONS PAS ENSEMBLE !

Penauds, la plupart des habitants n'osaient pas relever les yeux car ils sentaient peser sur eux les regards accusateurs des sorcières de Terwik, de Betty et d'Abigail. Ils commençaient à se rendre compte de l'absurdité de la situation. Ils n'auraient évidemment jamais dû se battre entre eux. Ils devaient garder leurs forces pour combattre leur ennemi. Dans la clairière, le sentiment de honte était palpable et le silence, lourd. Les habitants commencèrent à s'activer. Ils remontèrent les cloisons, nettoyèrent les paillasses. Plusieurs hommes s'emparèrent d'arcs et se faufilèrent rapidement entre les arbres. Betty et Abigail n'avaient pas bougé, ahuries par autant de bêtise. Mais elles durent reconnaître que leurs compagnons semblaient avoir compris la leçon. Plusieurs femmes étaient légèrement blessées et le plus grave cas à déplorer était un bras cassé chez un jeune garçon de huit ans. Il tenait son membre abîmé serré contre sa poitrine, l'expression volontaire. De son bras sain, il ramassait les bûches éparpillées du feu et les redisposait, pour que celui-ci soit prêt à être rallumé. Betty eut pitié de lui et, d'un geste adroit, elle passa sa paume sur le bras de l'enfant qui guérit aussitôt. Le petit garçon lui décocha un regard émerveillé et rempli de gratitude puis il continua son labeur.

Il y avait eu finalement plus de peur que de mal, mais le repas du soir était encore teinté d'un léger malaise. Les gens étaient outrageusement aimables les uns envers les autres et cela agaça Abigail.

L'air narquois, Betty murmura :

— Je te l'accorde, Abi, ils sont ridicules. Mais tu verras, demain ça ira beaucoup mieux. Ils seront redevenus amis et, dans quelques jours, tout recommencera !

Abigail lança un regard réprobateur à sa cousine, mais Betty éclata de rire. Même si l'ambiance était tendue, elle restait assez douce. Et si la peur de perdre Ezra ne l'avait étreinte, Abigail aurait ri volontiers. Mais elle s'inquiétait.

Ed s'inséra au milieu d'un groupe d'inquisiteurs qui buvaient de la mauvaise bière au coin du feu. Discrètement, il s'assit par terre et accepta un verre que lui tendait un homme. Ed sortit son couteau et y piqua un morceau de viande qui grésillait au-dessus du feu. Il souffla longuement dessus et observa ses compagnons. Les hommes n'étaient pas encore soûls mais ça ne tarderait plus. Il ne lui restait que quelques instants pour les faire parler sans éveiller les soupçons. Au moment où il ouvrait la bouche, un supérieur vint se laisser tomber lourdement dans le cercle d'inquisiteurs. Ed jura intérieurement. La plupart du temps, les sous-fifres étaient stupides. Il n'en était rien des meneurs. Patton les avait bien choisis. C'étaient des hommes cruels, à l'esprit guerrier, mais intelligents. Il décida de tenter sa chance. L'homme avait l'air épuisé. Peut-être se trouverait-il en mal de confidences ?

— Ces sorcières nous pourrissent la vie, lâcha Ed.

Quelques inquisiteurs approuvèrent d'un vague signe de tête, mais personne ne parla. Le jeune homme ne se laissa pas abattre.

— Quand est-ce que tout cela va se terminer ? souffla-t-il, l'air désespéré.

— Ne t'inquiète pas, va ! lança un homme. Ça ira plus vite que tu le crois. On est bien plus nombreux et ces bonnes femmes ne nous font pas peur !

Des rires fusèrent.

— On attend juste le bon moment. Quand il arrivera, ça va barder !

— Vous pensez qu'on a une chance ? demanda Ed.

— Bien sûr, mon gars ! Avec ce que prépare Patton, on va les écraser !

— Qu'est-ce qu'il prépare ?

Les hommes se regardèrent. Le supérieur était toujours silencieux, mais Ed sentait son regard sur sa nuque. Il commençait à oublier toute prudence, mais il voulait savoir.

— Je ne sais pas trop, mon gars ! Mais ce qui est sûr, c'est que la sorcière est rudement remontée contre ses anciennes amies !

Les inquisiteurs éclatèrent d'un rire gras. Ed se retourna brusquement vers le supérieur et lui lança, provocant :

— Vous savez quelque chose, vous, ou Patton ne vous fait pas assez confiance ?

L'inquisiteur tiqua et coula un regard torve à son vis-à-vis.

Ed poursuivit :

— J'ai l'impression que tout le monde parle beaucoup, mais que personne ne sait exactement ce qui va se passer ! Moi, j'aimerais bien savoir si Patton nous envoie à la mort ou si on a vraiment une chance contre les sorcières. Je n'y crois pas trop. En fait, je pense qu'il n'a pas de plan.

Mal à l'aise, les inquisiteurs jetaient des coups d'œil au supérieur qui n'avait pas encore desserré les dents.

— Ces femmes vont nous écraser ! Voilà ce que je pense ! Et si personne n'est au courant de ce que manigancent Patton et cette Barbadienne, c'est uniquement parce qu'eux non plus ne savent pas quoi faire ! Je me trompe ? ajouta-t-il à l'intention du supérieur.

L'homme en noir le regarda longuement. Ed sentit ses cheveux se dresser sur sa nuque. L'inquisiteur semblait avoir flairé quelque chose et Ed avait beau fanfaronner, au milieu de tous ces hommes, il n'avait qu'une envie: prendre ses jambes à son cou. Mais il avait promis à Ezra de l'aider et il ne pourrait pas le faire mieux qu'en ce moment.

— Alors, dites-moi, continua-t-il malgré tout. Comment allons-nous procéder? Cette soi-disant attaque planifiée, quand aura-t-elle lieu et de quelle façon?

Plus personne ne parlait et Ed aurait tout donné pour qu'un léger bruit de fond masque le tremblement de sa voix. Son cœur battait la chamade et il était persuadé qu'on pouvait l'entendre à des lieues à la ronde.

— Pourquoi veux-tu savoir tout ça? gronda l'homme.

Ed frissonna en surprenant dans le regard du chef une étincelle de colère froide. Il était allé trop loin.

— Je veux savoir à quoi je dois m'attendre, avança-t-il. Et je trouve normal que nous soyons au courant de ce qu'on va nous demander de faire, ajouta-t-il en prenant à partie ses collègues.

Aucun ne manifesta un quelconque soutien à Ed. Le jeune homme sentit qu'il était en train de se prendre au piège tout seul.

— Je vais te donner un conseil, petit, menaça le supérieur. Ne te mêle pas de ce qui ne te regarde pas. Tu es sous mes ordres ici. Et si je ne veux pas te parler de ce qui t'attend, ça ne te dispense pas d'obéir. Si je t'ordonne de te jeter sur une fourche et de mourir, tu n'as pas le choix d'obtempérer. Je pourrais t'envoyer moisir en prison pour tout ce que tu viens de dire. Tu es à la limite de la sédition et c'est un crime qu'on ne pardonne pas en temps de guerre. Alors voilà ce que je vais faire, étant donné qu'on ne peut pas se permettre de perdre un homme, aussi stupide soit-il : je n'oublierai pas. Et, crois-moi, si à l'issue du combat on se retrouve, je ne donnerai pas cher de ta précieuse petite peau d'enfant gâté.

L'inquisiteur se leva et s'éloigna silencieusement dans la nuit noire, laissant autour du feu ses subalternes.

— Tu es fou, Sam ! lança un des hommes. Qu'est-ce qui t'a pris ? Tu sais bien que Tituba t'a déjà dans le collimateur !

— Je veux juste savoir ! répliqua Ed, boudeur.

— Mais tu es déjà au courant de ce que nous allons faire, murmura l'homme en jetant des regards craintifs autour de lui. Nous allons faire brûler la forêt.

— Mais après ? insista Ed. Comment allons-nous nous battre ? Avec quelles armes ? Combien serons-nous ?

— Ce n'est pas le genre de renseignements dont doit s'inquiéter un vulgaire soldat. Nous sommes là pour nous battre. Et pour obéir. Mets-toi ça dans la tête, mon gars, ou tu cours au-devant de problèmes bien plus graves encore.

Ed marmonna mais décida de cesser de poser des questions. Il n'avait rien appris de plus et il enrageait de s'être ainsi mis en danger. S'il devait quitter le camp des inquisiteurs avant la bataille, avant même de savoir quand elle serait déclenchée, son aide aurait été inutile et les sorcières se feraient écraser. Il devait connaître la date. Par tous les moyens. Même s'il devait mourir pour cela. Et il avait hâte de rejoindre ses amis même si cela signifiait qu'il faudrait se battre. Ed décida de continuer à ouvrir l'œil et à laisser traîner ses oreilles partout où il pourrait, mais tout en restant discret. Nul doute que le supérieur s'était empressé d'aller tout raconter aux autres commandants. Tant que cela n'arrivait pas aux oreilles de Tituba, Ed serait content. Il lui fallait éviter le plus possible la Barbadienne. Mais il savait qu'elle le surveillait déjà étroitement et que son incartade de ce soir risquait de lui coûter cher.

5

Cela faisait dix jours maintenant qu'Ezra n'avait pas ouvert les yeux. Abigail ne le quittait plus. Au début, elle s'était entêtée à accomplir toutes les tâches qu'on lui avait assignées, mais au fil du temps elle avait été dispensée des corvées. Elle allait s'asseoir à côté du jeune homme et lui racontait ce qui se passait à la clairière. Elle lui parlait d'une voix gaie et rassurée, persuadée que là où il était Ezra pouvait l'entendre. Abigail ne voulait pas qu'il perçoive son angoisse et sa tristesse, mais il lui manquait atrocement. Elle se repassait sans cesse le moment où Ezra et elle s'étaient embrassés pour la première fois. Le souvenir des lèvres chaudes et pleines du jeune homme lui faisait courir des frissons jusque dans les reins. Abigail aurait tout donné pour retrouver cette sensation, même si cela aurait été la dernière fois. Elle ne parvenait pas à se faire à l'idée que peut-être Ezra ne se réveillerait pas. Cette pensée la faisait frémir et il n'était pas rare qu'elle éclate brusquement en sanglots. Dans ces moments-là, elle s'enfuyait en courant de peur qu'Ezra ne l'entende et elle ne revenait près de lui qu'après s'être calmée. Là, elle reprenait son récit comme s'il n'y avait eu aucune interruption.

Ce jour-là, Abigail était particulièrement épuisée. Elle n'avait pas dormi de la nuit, torturée par l'angoisse qu'Ezra ne rouvre pas les yeux. Cette idée lui avait serré le cœur et elle n'avait pu penser à autre chose. Soucieuse de ne pas réveiller sa cousine, elle n'avait pas bougé d'un pouce de toute la nuit et, ce matin, elle était courbaturée et emplie de lassitude. Elle s'était débarbouillée sommairement, avait démêlé ses longs cheveux et défroissé sa robe. De toute façon, depuis qu'ils vivaient tous dans la clairière, l'apparence était bien la dernière chose dont il fallait se préoccuper. Mais Abigail avait toujours été très coquette et elle s'efforçait de prendre soin d'elle.

Aussitôt levée, Abigail se dirigea vers Ezra. Il était toujours statufié dans une position qui donnait l'impression qu'il dormait d'un sommeil paisible. L'illusion aurait été parfaite s'il n'y avait eu cette épaule enflammée dont la plaie avait viré au noir. Sally changeait le pansement toutes les heures, mais l'écoulement ne s'arrêtait pas et la peau autrefois mate du jeune homme devenait inexorablement pâle. Abigail s'assit à côté d'Ezra et lui prit la main. Elle tressaillit au contact de la froideur des doigts mais les garda quand même entre ses mains. S'efforçant de ne pas pleurer malgré le désespoir et l'état d'épuisement dans lequel elle se trouvait, elle commença à raconter à Ezra sa nuit.

Au bout de quelques minutes, vaincue par la fatigue, Abigail s'allongea près de son amoureux, ramena la couverture sur elle et posa sa tête sur l'épaule saine de son ami. Elle ferma les yeux et s'endormit aussitôt. La jeune fille se mit à rêver : elle se retrouva dans un étrange monde silencieux où il n'y avait que des landes vertes à perte de vue et un ciel azur. Personne à l'horizon. Abigail était sereine. Le poids de ces derniers jours s'était envolé comme par enchantement. Elle commença à marcher, respirant à pleins poumons la brise fraîche. Depuis que les inquisiteurs avaient pris d'assaut le village et obligé les sorcières et les villageois à se terrer dans la forêt, l'air était vicié aux alentours. À cause des multiples incendies, des bûchers, de la saleté des hommes en noir qui passaient leurs journées à s'enivrer, une terrible odeur flottait autour de Salem comme la promesse d'une mort certaine. Dans le monde du rêve, l'air était un pur ravissement et Abigail aspirait de grandes goulées pour satisfaire ses poumons. Le temps était doux et sec, un luxe après la constante humidité de la clairière. Même au milieu du mois de juillet, les vêtements n'étaient jamais réellement secs car les rayons du soleil avaient bien du mal à traverser la cime des arbres. Abigail sortit du chemin de terre et marcha lentement dans l'herbe moelleuse, profitant du temps, tournoyant sur elle-même. Elle avait le nez levé vers le ciel quand une voix brisa le silence.

— Abigail ! hurla-t-on derrière elle.

La jeune fille sursauta. Cette voix… Impossible ! Elle se retourna brusquement et vit Ezra courir vers elle, un immense sourire sur le visage. Aussitôt, Abigail se mit à trembler et fut incapable d'esquisser un geste. Ezra s'arrêta devant elle, l'air interdit.

— Ça va ? demanda-t-il prudemment.

Abigail était sur le point d'exploser. Finalement, le soulagement était encore plus douloureux que le désespoir. De grosses larmes jaillirent de ses yeux et se mirent à rigoler sur ses joues sans discontinuer. Elle ne cessait de fixer le jeune homme. Celui-ci, paniqué, serra son amie dans ses bras. Il appuya son menton sur le sommet du crâne d'Abigail et resserra encore son emprise. Abigail posa sa joue sur le torse d'Ezra et ferma les yeux, toujours secouée de sanglots. Ils restèrent longtemps soudés l'un à l'autre. Au bout de quelques instants, Ezra écarta de lui la jeune fille et, d'un doigt, il lui releva la tête.

— Je sais que tu crois que tu es en train de rêver. Et c'est vrai. Mais je vais tout t'expliquer. Et il se pourrait, si tu m'écoutes bien, que ton rêve devienne réalité. Tu es prête à tout entendre ?

Abigail hocha la tête en essuyant rapidement ses larmes avec les manches de sa robe. Ezra se pencha et embrassa longuement la jeune fille, savourant la douce chaleur de ses petites lèvres, caressant de sa langue les belles dents d'Abigail. Celle-ci se détendit et serra son corps plus étroitement contre celui de son ami. Quand Ezra s'écarta, elle garda les yeux fermés un moment pour s'imprégner de cette sensation qui la traversait.

— Où sommes-nous ? demanda-t-elle finalement d'une petite voix.

— Dans cet entre-deux mondes où Betty a erré si longtemps avant que les sorcières de Terwik ne l'en sortent. Je crois que lorsque quelqu'un est blessé par Tituba et que cette blessure n'entraîne pas la mort immédiatement, c'est ici que la personne se retrouve.

— Mais comment peut-on te sortir d'ici ? Et qu'est-ce que je fais là ? Je n'ai pas été blessée, moi.

— Tu as eu la merveilleuse idée de t'endormir contre moi. Sans ton contact, je n'aurais jamais pu t'entraîner ici. Mais ne t'inquiète pas. Dès que tu te réveilleras, tu sortiras de ce monde. Je t'ai fait venir pour te dire ce que tu dois faire.

— Pour te sauver ?

— Oui.

— Dis-le-moi vite alors. Je peux me réveiller à tout moment.

— Non, car je contrôle ton sommeil. Tu ne t'éveilleras pas tant que je ne l'aurai pas décidé. Écoute-moi bien, Abi. C'est important parce qu'en sortant de cet entre-deux mondes tu risques de tout oublier, et cela signifierait ma perte.

— Comment vais-je faire alors ?

— Quand tu te réveilleras de l'autre côté, colle ton oreille à ma bouche ; quelques secondes suffiront. Et tu te rappelleras.

Abigail acquiesça, soucieuse de réussir sa mission. L'enjeu était énorme.

— Dis-moi ce que nous devons faire pour te sortir de là.

— Le poison qui coule dans mes veines n'est pas en train d'attaquer tout mon corps. Il ne s'est cantonné que dans mon bras. C'est pour ça que l'infection n'évolue pas. Mais ses effets paralysants se sont propagés ; je ne peux plus bouger. Je suis encore conscient mais incapable de communiquer. Si la paralysie atteint mon cœur…

Abigail réprima un hoquet et essaya tant bien que mal de retenir ses larmes.

— Combien de temps avons-nous ? demanda-t-elle.

— Quelques heures, je crois. Je ne sais pas. Mais vous aurez le temps, ne t'inquiète pas. J'ai confiance en toi. Écoute-moi. Vous devrez me remettre sur le ventre et, avec la pointe d'une lame chauffée à blanc, entailler la peau de la plaie sur l'épaule jusqu'au poignet.

Abigail tressaillit.

— Tu rigoles ? Tu vas perdre tout ton sang !

— Je risque effectivement d'en perdre beaucoup. Mais, tu verras, il y aura autre chose qui s'écoulera. Tu reconnaîtras le poison. Il sera épais et argenté.

— Combien de temps cela prendra-t-il pour que tout le poison soit expulsé ?

— Longtemps sans doute. Je ne peux pas te dire.

— Mais, Ezra, tu es fou ! Si le poison ne te tue pas, c'est cette saignée qui aura raison de toi !

— C'est la seule solution, Abi. Et je t'assure que je ne veux pas mourir. Pas comme ça. Tituba doit payer pour tout le mal qu'elle a fait.

— Et si nous restions ici, toi et moi, Ezra ? Il n'y a pas de guerre, pas de conflit, personne pour nous embêter ou nous dire quoi faire. Construisons notre vie ici. Nous vivrons tranquilles et heureux.

Ezra resta interdit un moment. Il savait qu'Abigail ne parlait pas par égoïsme, mais plutôt par amour. Il prit le visage de son amie entre ses mains et plongea son regard dans le sien.

— Nous ne pouvons pas faire ça, Abi. Tous nos amis risquent de mourir si nous ne les aidons pas, tu le sais. Et si tu ne fais rien pour moi dans l'autre monde, je mourrai. Je disparaîtrai de celui-là pour entrer dans celui des morts. Nous ne pouvons pas vivre ici. Nous devons aider notre communauté, accomplir la mission que nous nous sommes donnée. Sinon, nous abandonnerions notre raison de vivre. Et je refuse. Je sais que toi aussi. Tu as peur, Abi, et c'est normal. J'ai peur aussi. Peut-être que l'issue du combat sera pire que la mort, mais nous n'avons pas le droit de baisser les bras. Trop de gens comptent sur nous.

— Mais Sally et Betty pourraient se débrouiller et…

— Non ! trancha Ezra. Mes hommes comptent sur moi. Et puis, que deviendrait Betty sans toi ?

Abigail baissa la tête, honteuse. Quand Ezra vit la rougeur qui colorait les joues de sa compagne, il la prit dans ses bras.

— Je sais que c'est pour moi que tu as dit tout ça. Tu n'es ni lâche ni peureuse. Au contraire, tu es généreuse. Alors, retourne dans notre monde et sauve-moi. Nous avons encore du travail.

La jeune fille se pressa contre Ezra et enserra sa taille de ses bras. Ils échangèrent un dernier long baiser puis Ezra, du bout des doigts, ferma les paupières d'Abigail. Aussitôt, celle-ci se réveilla en sursaut, toujours la tête appuyée sur l'épaule du jeune homme. Elle regarda autour d'elle, l'air hagard. La clairière s'était transformée en véritable fourmilière. Les gens couraient à droite et à gauche, les bras chargés de bûches pour le feu, d'assiettes en étain, d'arcs sans cordes et de carquois remplis de flèches. Les enfants maniaient le couteau comme de vrais tailleurs de bois, et des tas de flèches droites et véloces s'entassaient à leurs pieds à une vitesse folle. Les sorcières s'entraînaient, se désarmaient, se poursuivaient, s'entravaient. On entendait le claquement des pierres dont les copeaux volaient en l'air avant de devenir les pointes acérées de flèches mortelles. Des cris retentissaient, des éclats de rire aussi. Personne ne semblait remarquer qu'Abigail s'était réveillée. La jeune fille se leva et y alla d'un pas chancelant avant de se figer d'horreur. Elle se retourna, se jeta à genoux et colla son oreille sur la bouche d'Ezra, terrifiée à l'idée que ce soit trop tard. Elle ne se souvenait plus de ce qu'elle devait faire pour le sauver. Elle attendit un moment qui lui parut une éternité. Puis elle le sentit remuer sous elle.

— Tu as réussi, murmura le jeune homme.

Aussitôt, tout devint clair et elle se rappela comment procéder. Maintenant, elle devait l'expliquer aux autres et il fallait qu'on la croie. Après tout, il s'agissait de leur survie à tous, mais particulièrement de celle d'Ezra.

Betty, après avoir vu sa cousine s'endormir, s'était rapprochée de Sally et d'Emma. Elle n'avait pas trop suivi l'entraînement de l'enfant depuis quelque temps. Emma était maintenant fine et souple. Ses muscles saillaient sous sa peau dorée et lui donnaient une silhouette athlétique. Ses grands yeux s'étaient étirés sur son visage affiné et elle avait un air félin qui rappelait beaucoup celui de Zïna. La métamorphose était impressionnante. Ses doigts s'étaient allongés et ses mouvements étaient d'une grâce sans pareille. Tandis que Betty regardait l'enfant faire des exercices d'échauffement, Sally vint à la rencontre de la jeune fille.

— C'est incroyable ! s'extasia Betty. Je n'avais pas remarqué à quel point Emma a changé !

— C'est grâce à son don. Étant un Chapardeur, Emma possède des pouvoirs incommensurables. En plus, elle les a partagés avec son chat. C'est pourquoi elle a à présent certaines caractéristiques physiques assez félines. Ne sois pas surprise si tu vois un jour Zïna te regarder avec des yeux d'humain. Ça ne m'étonnerait pas que ça arrive.

Betty frissonna. L'idée était certes magique, mais un peu dérangeante quand même. Sally sentit son malaise.

— Emma est encore petite mais elle apprend vite. Elle sera puissante et elle ne reniera pas son destin. Elle est maintenant prête à soutenir le regard des autres, et c'est tant mieux car elle n'en a pas fini. Il se peut que les gens en viennent à avoir encore plus peur d'elle que maintenant. Mais Emma a compris sa valeur, elle ne sacrifiera pas la cause.

— Ses pouvoirs sont étonnants.

— Oui, d'autant plus qu'il n'y a rien de mauvais en elle. Je me dis que, peut-être, nous n'aurions pas dû faire disparaître tous ces enfants nés Chapardeurs. Peut-être aurions-nous pu les aider.

Sally pensait à son fils. Sentant le chagrin et la culpabilité de la sorcière, Betty posa sa main sur l'épaule de celle-ci et la pressa tendrement.

— Maintenant, vous saurez, murmura-t-elle.

Sally acquiesça tristement. Elle se leva brusquement et s'approcha d'Emma qui s'étirait le dos tout en faisant des grimaces à Zïna qui gambadait allègrement autour d'elle. Betty ramena ses genoux contre sa poitrine en se demandant pourquoi certaines personnes vivaient tant de malheurs dans leur vie. Elle-même, elle avait perdu sa mère puis son père. Elle avait failli mourir plus d'une fois, elle avait été bannie. Mais sa douleur n'était rien comparativement à celle que devait éprouver Sally. La sorcière avait dû sacrifier son fils pour sa communauté. Elle l'avait fait mais elle ne s'en remettrait jamais.

Emma commença à danser tandis que Sally lui jetait des sorts. La petite tourna d'abord sur elle-même doucement, puis de plus en plus vite. En quelques secondes, elle devint une véritable tornade qui filait dans un sens puis dans l'autre et dont le centre était Sally qui, sans discontinuer, essayait de faire fléchir Emma. Zïna ne bougeait plus, comme en transe, ses yeux fixés sur Emma qui tourbillonnait avec grâce. Bientôt, Betty eut mal à la tête et ne réussit plus à distinguer les membres de l'enfant. Réellement impressionnée, elle continua quand même à la regarder. Quand Emma s'arrêta, Betty fut surprise de constater que la petite n'était pas essoufflée. Une petite perle de sueur coula sur son front, mais sa respiration était toujours aussi calme. Par contre, Sally s'était penchée, les mains sur les genoux, et essayait tant bien que mal de reprendre son souffle. Le regard d'Emma croisa celui de Betty et toutes deux éclatèrent de rire.

— Tu es fabuleuse, Emma ! lança Betty.

— Merci, répondit l'enfant en rougissant. Mais c'est parce que Sally m'a bien entraînée.

— Pourquoi tu danses aussi vite ?

— Eh bien, je ne sais pas trop. En fait, je vois les sorts que me lance Sally dans les airs. Ils ressemblent à de gros serpents. Et comme je suis un Chapardeur, si les sorts n'atteignent pas leur cible tout de suite, ils continuent. Pas longtemps, juste quelques secondes. Je dois les éviter, et ils sont très rapides. Sally m'en envoie plein à la fois.

— Mais si tu attrapes ces sorts, tu pourrais t'en servir par la suite. Pourquoi tu ne veux pas ?

— Que le sort me touche ou non, je l'obtiens après. J'en avale la substance. Ce qui me touche, ce n'est qu'une grossière enveloppe. Et puis Sally m'envoie aussi des sorts pas très bons pour moi.

— Quoi ? s'exclama Betty.

— C'est pour qu'elle apprenne à les reconnaître, se défendit Sally.

— Oui ! renchérit Emma. Les mauvais sorts ressemblent à de gros serpents noirs. Mais les bons sont comme une brise de printemps !

— Peut-être, mais il ne faudrait pas que tu te blesses, marmonna Betty. On a besoin de toi quand même.

— Je ne lui lance que des mauvais sorts bénins. Rien qui ne puisse se soigner : quelques démangeaisons, de quoi la faire tomber. Qu'est-ce que tu crois ? Je sais ce que j'ai à faire et s'il y a une personne que je défendrai jusqu'à ma mort, c'est bien Emma !

— Merci pour moi, bougonna Abigail qui venait d'arriver.

Ce commentaire allégea l'atmosphère d'un coup. Toutes éclatèrent de rire.

— Comment vas-tu, Abigail ? s'informa Sally, pleine de douceur.

— Je dois vous parler. C'est important.

— Ça concerne Ezra ? demanda Betty.

— Oui ! Je suis allée dans cet entre-deux mondes où tu étais bloquée. J'y ai vu Ezra.

Sally se précipita sur Abigail et l'empoigna par les coudes.

— Que t'a-t-il dit ? Il sait comment guérir ? Il sait quoi faire ? Oh Seigneur, dis-moi que oui ! Je crois que nous sommes en train de le perdre. Et j'ai épuisé toutes mes ressources !

— Je sais comment le guérir, annonça d'une voix calme Abigail.

Emma, Sally et Betty restèrent silencieuses, pendues aux lèvres d'Abigail qui leur raconta tout : la rencontre, la solution et ce qu'il lui fallait faire pour se rappeler de tout à son réveil. Elle passa seulement sous silence ses paroles quand elle avait demandé à Ezra de rester pour toujours là-bas. Elle n'aurait pas supporté le regard de ses compagnes. Aussitôt, Sally empoigna les pans de sa robe et s'élança à la recherche de ses sœurs.

Betty sauta dans les bras d'Abigail en hurlant de joie.

— Il va revenir ! Il va revenir ! cria-t-elle.

Abigail ne put s'empêcher de sourire, mais elle tempéra l'enthousiasme de sa cousine.

— Il est très faible. Peut-être que cette saignée le tuera. Il m'a prévenue. Mais c'est le seul moyen.

— Ce sont des bêtises ! Ezra est fort et il t'aime à la folie ! En plus, il ne mourra pas avant de m'avoir fait craquer avec toutes ses plaisanteries !

Betty s'éloigna rapidement. Dans le cœur d'Abigail, l'espoir était revenu.

6

— Retournez-le, ordonna Sally.

Abigail et Betty s'empressèrent d'obéir.

— Lucy, prends ce couteau et va en chauffer la lame. Rosaly, apporte de l'eau chaude et des linges propres. Betty, je veux que tu t'assoies sur les jambes d'Ezra.

— Mais pourquoi ?

— La douleur pourrait le faire bouger.

— Il est paralysé, Sally, rappela Abigail.

— On ne sait jamais. Je ne veux pas lui transpercer le cœur par un geste maladroit. Obéissez-moi toutes !

Lucy et Rosaly partirent sur-le-champ, et Betty s'installa sur les jambes d'Ezra. Abigail se tourna vers Emma qui les avait suivies discrètement tout à l'heure, elle, Betty et Sally.

— Emma, tu ne peux pas rester ici. Tu es trop petite pour voir ça. Ça risque de ne pas être très joli.

— Mais je suis grande maintenant, protesta l'enfant. Ça ne me fait pas peur ! Et je vais participer avec vous à la guerre, alors du sang, je vais en voir !

— C'est différent aujourd'hui, Emma. S'il te plaît, attends-nous plus loin. Nous viendrons te voir dès que ce sera terminé.

Emma bougonna mais s'éloigna quand même. Lucy et Rosaly revenaient déjà au pas de course avec ce que leur avait demandé Sally. Cette dernière empoigna le couteau incandescent et, d'un geste légèrement hésitant, présenta la pointe vers la plaie suintante. Elle lança un coup d'œil à Abigail qui approuva d'un léger signe de tête. La chair crépita doucement quand la lame chaude entra en contact avec la peau. Une odeur de chair brûlée fit plisser le nez aux sorcières. Sally entailla d'une main sûre le bras d'Ezra comme Abigail lui avait expliqué de le faire. Le sang se mit à couler, mais il n'y avait aucune trace du poison argenté.

Sally tourna la tête vers Abigail qui ne pouvait quitter des yeux le macabre spectacle.

— Pourquoi ça ne marche pas ? demanda-t-elle à Abigail.

— Plus profond, souffla la jeune fille.

Sally recommença du début. Elle remerciait l'état d'inconscience d'Ezra qui l'empêchait de souffrir. Cette fois, un épais liquide argenté commença à s'écouler sur la couverture sur laquelle était allongé Ezra. Le tissu se mit à fumer et le poison passa aussitôt à travers pour disparaître dans la terre. Abigail étouffa un cri de victoire. Mais rien n'était gagné encore. Sally poursuivit l'incision jusqu'au poignet et dut enlever sa main rapidement car le poison coulait maintenant à gros flots, mélangé au sang du jeune homme.

— Et maintenant, que faut-il faire ? s'enquit Betty, subjuguée.

— Il faut attendre, répondit Sally, et espérer qu'Ezra ne perde pas trop de sang. Ne nous éloignons pas. Il faut à tout prix surveiller l'écoulement. Dès que la dernière goutte de poison sera sortie, il faudra soigner la plaie et la refermer rapidement. Et attendre encore.

Des larmes coulaient sans bruit sur les joues d'Abigail. Elle portait en elle un mélange de souffrance et d'espoir qui la torturait. Rosaly passa un bras autour des épaules de la jeune Parris et lui murmura à l'oreille :

— Ne t'inquiète pas ! Il s'en sortira. Il s'en sort toujours.

Abigail étouffa un rire à travers ses larmes. Elle alla rejoindre Emma qui l'attendait plus loin, inquiète. Elle prit dans ses bras la petite qui, sentant son chagrin, lui rendit son étreinte.

— Comment va Ezra ? demanda Emma.

— Je crois qu'il va aller de mieux en mieux.

— Alors pourquoi tu pleures ?

— Parce que j'ai eu peur.

— Tu l'aimes ?

Surprise, Abigail recula pour regarder Emma.

— Oui, je l'aime.

— J'ai déjà eu un petit ami, tu sais. Il s'appelait Sullivan. On allait tous les deux à l'école. Il était très beau et il était plus grand que moi, et il m'aimait aussi. Il voulait faire le tour du monde !

Abigail sourit, amusée et émue.

— Et où est-il maintenant, ce Sullivan ?

Emma se pencha et se mit à caresser Zïna qui quémandait de l'attention en se frottant contre les jambes de sa maîtresse.

— Emma ?

— Patton l'a tué, déclara Emma.

— Oh mon Dieu !

Abigail serra si fort Emma dans ses bras que la petite se débattit pour ne pas être écrasée. Elle leva la tête vers Abigail qui fut étonnée de ne pas voir de tristesse dans le regard d'Emma.

— Ce n'est pas grave, tu sais, dit la fillette. Parce qu'il vit toujours là, ajouta-t-elle en montrant son cœur. Il ne sera jamais mort pour moi. Jamais.

Abigail ne put s'empêcher d'éclater en sanglots.

— Tu es si forte, Emma, même si tu n'es encore qu'une enfant. Comment fais-tu ?

Emma ne répondit pas. Elle se laissa cajoler un moment, puis elle se dégagea des bras d'Abigail.

— Allez ! Je dois m'entraîner encore. Va auprès d'Ezra et n'oublie pas de me prévenir si son état évolue.

Abigail regarda Emma s'éloigner en cabriolant avec son chat. Elle était impressionnée par cette enfant et un peu honteuse de ne pas avoir sa force de caractère. Elle retourna auprès d'Ezra. Sally lui sourit largement. Le jeune homme avait été remis sur le dos et son visage semblait reprendre peu à peu des couleurs.

— Touche-le, Abigail, dit Sally.

La jeune fille approcha sa main du front de son ami. Elle fut surprise de ne plus y sentir la froideur moite qui n'avait pas quitté le jeune sorcier depuis plusieurs jours. La peau d'Ezra était de nouveau tiède et il respirait normalement.

— La fièvre l'a quitté d'un coup ! déclara Betty, aux anges. Il a déjà l'air d'aller mieux, tu ne trouves pas ?

Incapable de parler, Abigail ne put que hocher la tête. Sa cousine avait raison : Ezra était en train de s'en sortir.

— Le poison est complètement sorti, je crois, dit Sally. Lucy a recousu la plaie d'Ezra et a bandé son bras. Il faudra changer le pansement régulièrement pour que la blessure ne s'infecte pas, mais Ezra est sur la bonne voie.

— Qu'est-ce qui a mis Ezra dans cet état ? interrogea Betty.

— C'est l'étrange poignard de Tituba, répondit Abigail.

— Quel genre de poignard ? s'inquiéta Sally. Est-ce que tu t'en souviens ?

— La lame était noire et incurvée. Je n'avais jamais vu une telle arme.

— La lame de Gurva, souffla Sally.

— Qu'est-ce que c'est ? demanda Betty.

— Un couteau vieux de plusieurs siècles. Une pièce ultime de magie noire. Ezra a eu de la chance. Cette lame est faite pour tuer instantanément de petits êtres vivants. Le poison est plus long à agir sur les humains. Je ne comprends pas comment cette Tituba a pu être en contact avec autant de magie malfaisante et pourquoi elle bénéficie de l'héritage de tous ces siècles de magie rare. C'est un véritable mystère et un terrible danger pour nous, car nous ne savons jamais à quoi nous attendre avec elle. C'est là que réside sa force.

— Cela ne nous empêchera pas de la battre ! lança Betty, farouche.

— Non, sans doute. Mais cela risque de nous causer de sérieux dommages. Il faudra redoubler de prudence. Cette femme n'a aucun scrupule. Elle n'en est que plus dangereuse.

Des cris retentirent plus loin dans la clairière. Les sorcières se précipitèrent vers l'attroupement qui était en train de se former, sauf Abigail qui préféra rester auprès d'Ezra.

— Que se passe-t-il ? demanda Betty en fendant la foule.

Elle se trouva nez à nez avec Hezekiah Usher, qui tenait dans ses mains un journal.

— Qu'est-ce que c'est ? interrogea-t-elle.

— L'annonce de notre fin à tous, déclara Hezekiah sombrement.

Betty lui arracha le papier des mains. C'était un quotidien, le *Cambridge Gazette*. Il datait de la veille.

— Où as-tu trouvé ça ?

— Je suis allé au village et je l'ai volé dans les affaires d'un inquisiteur.

— Tu es fou ! Ce qui est arrivé à Job ne t'a donc pas servi de leçon ?

— J'ai contourné le village pour arriver par-derrière. Et je ne me suis pas aventuré sur la place du village. J'étais dans une des maisons dans lesquelles ils se sont installés. Je n'ai croisé personne.

— C'était quand même irresponsable et risqué !

— Lis, Betty ! s'exclama une voix dans la foule.

Furieuse, la jeune fille secoua le journal pour le défroisser et commença à lire la première page.

— *Fin des combats entre sorcières et inquisiteurs,* lut-elle. *Craig Dorson, responsable de la sécurité de la Nouvelle-Angleterre et dirigeant des inquisiteurs, déclare : « Nous avons enfin réussi à exterminer les démons qui effrayaient la population. Les villages sont maintenant libérés de leurs oppresseurs et tous mes inquisiteurs ont quitté leurs postes, victorieux. J'espère qu'ils seront accueillis en héros à Boston car ce sont des hommes forts de leurs convictions, de bons chrétiens qui ont chassé le diable de nos terres. Toutes ces femmes ont péri, tel est le juste châtiment qu'elles méritaient, et aujourd'hui nos enfants peuvent de nouveau vivre dans la sécurité et le respect de la religion.* » *Craig Dorson, autrefois connu pour sa propension à la violence, semble avoir désormais trouvé le chemin de la rédemption en mettant sa vie au service de la communauté. Il précise toutefois qu'un village résiste toujours. En effet, le village de Salem est encore aux mains des sorcières. Il semblerait même que ces femmes aient pu emmener avec elles la plupart des villageois de Salem qu'elles retiennent en otages dans la forêt.* « *Nous nous tenons prêts à envoyer plus d'effectifs là-bas s'il le faut, déclare Dorson. Nous ne nous laisserons pas faire par une bande de folles vivant comme des animaux dans les bois. Nous avons réussi à rétablir la foi en notre Seigneur partout en Nouvelle-Angleterre, nous n'abdiquerons pas à Salem. J'ai des centaines d'hommes qui attendent de repartir en mission.* »

Un silence consterné planait dans la clairière.

— Inutile d'en lire plus, cracha Betty en jetant le journal par terre. Cet homme est pire que Patton. Je ne pensais pas que c'était possible.

— Nous sommes perdus, lâcha quelqu'un dans la foule.

— Non ! trancha Betty. Rien n'a changé.

— Rien n'a changé ? répéta Ann Dolliver. Mais voyons, Betty, c'est le contraire : tout est en train de changer. Nous n'avions déjà que peu de chances et, pourtant, les effectifs s'équilibrent d'un camp à l'autre. Mais si ce Dorson envoie ses troupes, nous sommes perdus. Tu te rends compte ? Des centaines d'hommes !

— Je sais, dit Betty froidement. Il pourra envoyer tous les hommes qu'il veut, je ne plierai pas devant l'ennemi.

— Betty, sois raisonnable, avança Martha Carrier. Si Patton reçoit des renforts, c'en est fini des sorcières !

— Alors que proposez-vous ? aboya Betty, furieuse. D'abandonner ? Encore ? À chaque difficulté, vous baissez les bras. Nous sommes censés avoir confiance les uns en les autres ! Personne n'a jamais prétendu que ce serait facile, moi la première. Je ne vous parle pas de sauver votre peau. Je vous parle de gagner notre liberté à tous. Un idéal de vie ! Ce n'est pas parce que nous sommes différents que nous devons nous cacher ou mourir. Si c'est ce que vous pensez, alors vous ne valez pas mieux que les inquisiteurs !

— Betty a raison, appuya Sally. Et je dois avouer que je commence aussi à être fatiguée de devoir toujours vous rappeler pourquoi vous vous battez ! Nous ne retenons personne, vous le savez. Mais où irez-vous si nous n'en finissons pas avec les inquisiteurs ? Tôt ou tard, ils vous rattraperont. Nous devons les vaincre pour gagner notre droit de vivre ! Cet article est un mensonge éhonté. Nos villages, à mes sœurs et à moi, sont libres désormais parce que nous n'avons pas eu peur de tout perdre. Si vous êtes incapables de faire la même chose, tant pis. Et je ne tolérerai aucune discussion, ajouta-t-elle en voyant une femme ouvrir la bouche. Ceux qui veulent rester sont les bienvenus. Les autres, partez pendant qu'il en est encore temps. Et que Dieu vous protège car je ne donne pas cher de votre peau.

Sur ces mots, Sally tourna les talons et traversa la foule, Betty à sa suite. Hezekiah leur courut après.

— Pardonnez-moi, dit-il. Ce n'est pas la réaction que j'espérais. Je croyais que cela aiderait les nôtres à se montrer plus courageux encore. Je me suis trompé.

Betty rassura son interlocuteur :

— Ce n'est pas ta faute, Hezekiah. La foule ne réagit jamais comme on s'y attend.

— Mais qu'allons-nous faire s'ils décident tous de partir ?

— Toi, tu restes ?

— Bien sûr ! s'insurgea Hezekiah.

— Alors, il y a toujours de l'espoir, conclut Betty sur un petit sourire.

— Vous croyez que cet article va leur faire peur ? demanda Patton à Tituba.

— J'en suis certaine, gronda la Barbadienne. J'espère surtout qu'il aura pour résultat de désunir leurs rangs. Ainsi, nous aurons la victoire facile. Je n'en peux plus de perdre mon temps ici.

— Pourquoi ne demanderais-je pas directement à Dorson de m'envoyer ses hommes ? Les sorcières auraient alors une véritable raison d'avoir peur. Peut-être même se rendraient-elles sur-le-champ ?

— C'est inutile, mon cher Patton. L'idée de la peur est toujours plus forte que la peur elle-même. Ces prochains jours seront décisifs. Les gens de la clairière risquent d'être divisés. Laissons-les souffler quelque temps, puis attaquons soudainement pour les prendre par surprise.

Patton partageait l'enthousiasme de Tituba, mais il aurait préféré faire venir les renforts tout de suite. Il ne comprenait pas à quoi jouait la sorcière. Après tout, une centaine d'hommes en plus lui aurait assuré la victoire dès aujourd'hui. Pourquoi attendre encore ? Le jeu du chat et de la souris ne lui plaisait guère, mais il avait encore moins envie de contrarier la Barbadienne. Plus il la côtoyait, plus il la détestait. Quelque chose de malsain vivait en elle, si fort que cela le faisait frémir, lui qui n'était pas un ange. Les trois femmes qu'elle traînait partout avec elle lui donnaient froid dans le dos. Elles n'avaient rien d'humain et leur regard, quand il se posait sur lui, lui donnait envie de courir le plus loin possible. Il sentait dans son dos leurs yeux froids le fixer. Il n'était même pas sûr qu'elles puissent encore penser par elles-mêmes. Et il n'osait pas demander à Tituba ce qu'elle leur avait fait. La sorcière aurait été capable de lui faire la même chose pour qu'il comprenne qu'il ne devait pas poser autant de questions.

Patton avait hâte d'en terminer avec toute cette histoire. Et l'article du journal, lui pesait. Il était le seul à ne pas avoir réussi à assujettir un village et, même si Dorson ne le lui avait jamais dit clairement, il savait qu'il l'avait déçu. Mais Patton ne pensait plus qu'au moment où tous les renégats de Salem seraient enfin exterminés. Après ça, il toucherait sa paye, s'exilerait à la campagne et passerait son temps à pêcher. Il avait tué assez de gens dans sa vie pour avoir mérité le droit d'être tranquille jusqu'à la fin de ses jours. Et surtout, il serait définitivement débarrassé de cette grosse sorcière qui le terrorisait.

— Vous m'écoutez, Patton ? cria Tituba.

— Hein ? Quoi ? Pardon, je pensais à autre chose.

— Parce que vous savez penser, vous ? grinça la sorcière.

Patton ne releva pas.

— Que me disiez-vous ?

— Que pensez-vous de ce Sam Redd ?

— Oh ! C'est un gentil garçon, je crois. Sans doute trop gentil pour être inquisiteur, mais il fait du bon travail. Pourquoi ?

— Il ne m'inspire pas confiance.

Patton se retint de lui faire remarquer que personne ne lui inspirait confiance tout simplement parce qu'elle était trop effrayante pour tout le monde. Et surtout trop désagréable.

— Eh bien, je suis plutôt content de lui, pour ma part.

— Patton, vieil imbécile ! On pourrait vous mettre un espion sous le nez qui vous déclarerait : « Je travaille pour les sorcières et je voudrais connaître tous vos plans » que vous n'y verriez que du feu !

— Vous pensez que c'est un espion ?

— Je n'en sais rien. Mais je vais le découvrir avant que tout ne se dénoue. Et s'il ne veut pas parler, nous avons une carte en main qu'il ne connaît pas. S'il l'apprend, il fera tout ce qu'on veut.

Patton regretta sa question avant même de l'avoir posée, mais la fatigue l'empêchait de réfléchir.

— Quelle carte ?

Tituba le toisa d'un air si méprisant que Patton se mordit les lèvres. Il ne faisait pas le poids face à cette femme et elle le savait.

— Son père, Patton. Je vous rappelle que nous détenons son père dans nos cachots.

7

Craig Dorson se frotta les mains. Son interview dans le *Cambridge Gazette* était encore meilleure que ce qu'il avait espéré. Il imaginait déjà l'émoi qu'il provoquerait dans les rangs des sorcières. Et il attendait la missive de ce fainéant de Patton qui n'hésiterait pas à lui demander immédiatement les renforts promis pour en finir le plus vite possible avec cette histoire. Désireux de ne plus penser à toute cette affaire, Dorson franchit le seuil de son bureau et claqua la porte. Son secrétaire, un petit homme rachitique et tremblant, sursauta si violemment qu'il fit tomber par terre toute une pile de dossiers qui attendaient d'être triés.

— Allons, allons, Fitz ! Remettez un peu d'ordre dans vos affaires, que diable ! Votre bureau est un vrai champ de bataille !

— Pardon, bredouilla le petit homme dont le visage avait viré au rouge. Tout de suite, sir Dorson ! Excusez-moi.

Craig Dorson étouffa un petit rire de contentement. Dieu qu'il aimait ce pouvoir qu'il exerçait sur les gens ! Il sortit du bâtiment de la sécurité et se dirigea vers le tribunal. Le temps était clément depuis quelques semaines. Une brise fraîche empêchait la touffeur de l'été de rendre la vie en ville insupportable. Dorson enleva sa veste et la jeta négligemment sur son épaule. Le dos droit, le sourire fixe, il pensait à sa future victoire et rien ne pouvait le mettre en colère. À Boston, les femmes avaient revêtu des toilettes légères et les ombrelles fleurissaient à chaque coin de rue. Les hommes, en bras de chemise, avaient l'air décontractés et, en cette fin de journée, tout le monde se dirigeait sans doute vers le jardin public Boston Common pour profiter d'une balade. Mais Craig Dorson n'avait pas terminé sa journée encore. Il devait aller cueillir au tribunal quelques criminels récidivistes qui méritaient le châtiment spécial qu'il avait mis au point dans son secteur. Officiellement, le procédé restait très secret, mais tout le monde dans le milieu savait ce que le chef des inquisiteurs faisait.

Dorson monta les grandes marches qui menaient jusqu'à l'entrée du tribunal et passa les portes battantes. Dans le bâtiment, tout le monde n'était pas prêt à prendre du repos non plus. Des avocats couraient en tous les sens, des juges aux perruques poudrées marchaient en groupe en prenant des airs sérieux.

— Tiens ! Dorson ! s'exclama un homme.

Après s'être retourné, Dorson se retrouva devant un homme grand et malingre, au nez crochu et aux dents jaunâtres gâtées par la chique. Dorson retint à temps une grimace de déplaisir. Personne de la société bostonienne n'aimait Grenwyd. Il avait la réputation d'être un juge corrompu. Même si Dorson n'était pas un ange, il ne tolérait pas les pots-de-vin. Grenwyd s'était hissé à une haute fonction en éliminant autour de lui des candidats bien plus respectables. Se moquant de la façon dont il parviendrait à ses fins, il avait causé du tort à de nombreuses familles, et bien des juges et des avocats avaient dû démissionner sous la pression de ses menaces. Malheureusement, Grenwyd était aussi un des juges les plus efficaces dans le domaine de la criminalité. Les cas qu'on lui confiait concernaient des meurtriers récidivistes particulièrement violents. Aucun criminel ne bénéficiait de la clémence de Grenwyd s'il avait affaire à lui. Et celui-ci était un des premiers fournisseurs de Dorson pour ses punitions.

— Bonjour, Grenwyd ! Quel plaisir de vous voir !

Le juge serra vigoureusement la main à son interlocuteur, tout en le toisant.

— Quoi de neuf dans vos affaires, Dorson ? J'ai lu que vous teniez le bon bout avec ces sorcières ! J'espère que vous avez pensé à m'en ramener quelques-unes, ajouta-t-il sur le ton de la confidence. Je n'ai pas souvent l'occasion d'envoyer une femme en prison !

Il éclata d'un rire grinçant qui fit sourire Dorson. Il aimait quand même l'humour de cet homme.

— Eh non, Grenwyd ! Et j'en suis navré ! Malheureusement, nous avons préféré ne laisser aucune survivante. Vous savez ce que c'est ! Il suffit d'une pomme pourrie pour gâter tout le panier. Nous ne pouvions pas nous permettre de prendre ce risque.

— Bien sûr, je comprends tout à fait. Vous avez fait du bon travail ! Mais j'ai vu que vous aviez quelques problèmes avec le village de Salem ? Allons donc ! Ne me dites pas que ces bonnes femmes à baguette vous donnent du fil à retordre ?

Grenwyd s'esclaffa et donna une grande tape sur l'épaule de Dorson qui se sentit vaciller. L'épaule douloureuse, l'inquisiteur en chef releva la tête vers le juge et sourit.

— Ce n'est qu'une question de temps maintenant. J'ai mis sur l'affaire mon meilleur homme. Il en viendra à bout.

— Vous parlez de ce Patton ?

— Je sais ce que vous pensez de lui. Et cela ne m'importe pas. Il fait du bon travail, c'est tout ce qui compte.

— On dit qu'il est un peu instable. Comment pouvez-vous avoir confiance en lui ?

— J'ai confiance parce que je lui ai accordé ma confiance, tout simplement.

— Ah, Dorson, vous êtes trop bon ! Un jour, votre meilleur ami vous poignardera dans le dos et vous n'aurez rien vu venir.

— Je compte sur vous pour le juger et lui donner le châtiment qu'il mérite. Maintenant, je vous laisse, Grenwyd. Ce fut un plaisir de parler avec vous.

Dorson s'éloigna, furieux. Il détestait se sentir obligé de dire du bien de Patton alors qu'il ne l'aimait pas. Mais les inquisiteurs se devaient de se montrer solidaires les uns envers les autres.

— Oh ! Dorson, attendez !

L'interpellé étouffa un soupir et se retourna, un sourire factice sur les lèvres.

— Vous avez oublié de me dire quelque chose, Grenwyd ?

— Êtes-vous allé à Salem dernièrement ?

— Je suis rentré il y a plusieurs semaines déjà. Pourquoi cette question ?

— Je me suis dit que vous aviez peut-être croisé Nathan Redd là-bas.

Dorson se figea. Redd ? À Salem ? Cela ne présageait rien de bon.

— Vous a-t-il dit pourquoi il se rendait là-bas ?

— Non. Vous n'êtes pas sans savoir que Redd et moi ne sommes pas en bons termes. Il est parti précipitamment il y a quelque temps en me laissant son procès qui, entre parenthèses, est follement croustillant.

Il gloussa de nouveau. Mais Dorson ne l'écoutait pas. Grenwyd s'éloigna, riant encore, laissant son interlocuteur figé dans le hall.

— En fait, ajouta-t-il, j'ai entendu dire que son fils se serait engagé dans vos rangs. Je crois que Redd n'a pas aimé. Mais ce n'est peut-être qu'une rumeur. Ce sale gamin ! cracha-t-il. Si vous voulez mon avis, s'il a été abandonné par ses vrais parents, c'est qu'il le méritait.

Son fils ! Dorson se mordit les lèvres. Se pourrait-il que ce soit vrai ? Nathan Redd se serait présenté à Salem avec l'intention de récupérer son fils et il serait tombé sur Patton, son vieil ennemi. Dorson oublia sa mission au tribunal. Il tourna les talons pour regagner son bureau. Il traversa la route en courant presque et faillit se faire renverser par une voiture dont les chevaux galopaient à vive allure. Le conducteur insulta copieusement Dorson qui n'y fit pas attention. Le chef des inquisiteurs pénétra violemment dans le bâtiment de la sécurité et s'approcha de Fitz à grands pas. Le pauvre homme, penché sur un tiroir, lui tournait le dos. Dorson passa en coup de vent à côté de lui et tonitrua :

— FITZ ! DANS MON BUREAU, TOUT DE SUITE !

Fitz tomba de son fauteuil et se cogna le front contre l'angle du tiroir. Du sang perla aussitôt. Il attrapa rapidement un mouchoir immaculé et essuya vigoureusement sa plaie.

— FITZ ! hurla Dorson.

Le petit homme attrapa son bloc de feuilles, une plume et de l'encre et se précipita dans le bureau de son patron, tout tremblant.

— Oui, sir. En quoi puis-je vous être utile ?

— Écrivez.

Fitz trempa sa plume et se tint prêt.

— *À l'attention de Patton.* Point. *Mon cher Patton,* virgule, à la ligne. *Je vous envoie cette missive pour vous tenir au courant de mon avancée.* Point. *Comme vous l'avez sans doute lu dans le* Cambridge Gazette, virgule, *nous avons éradiqué le mouvement des sorcières dans toute la Nouvelle-Angleterre.* Point. *Il ne reste donc plus que Salem.* Point. *C'est pourquoi je vous écris pour vous dire de ne pas hésiter à me demander des renforts si vous le pensez utile.*

Point. *Néanmoins,* virgule, *je serais tout à fait disposé à vous faire prendre du grade si vous arriviez à vous débrouiller tout seul.* Point. *Mais ne mettez pas en danger nos hommes pour satisfaire votre ambition.* Point, à la ligne. *Une dernière chose,* virgule, *Patton.* Point. *J'ai aujourd'hui fait une découverte très déplaisante.* Point. *Après une discussion des plus amicales avec Grenwyd du tribunal,* virgule, *j'ai eu le mécontentement d'apprendre que Nathan Redd serait à Salem,* virgule, *et cela,* virgule, *depuis plusieurs semaines.* Point. *Étiez-vous au courant?* Point d'interrogation. *Si oui,* virgule, *comment se fait-il que j'ignore ce qui se passe dans mes propres rangs?* Point d'interrogation. *Cette missive est aussi un avertissement.* Point. *Tenez-moi rapidement au fait de ce qui se déroule dans ce village maudit si vous ne voulez pas avoir la surprise de me voir arriver à l'improviste pour vous rappeler qui est le chef.* Point, à la ligne. *Je vous envoie mes salutations.* Point. *Prenez soin de nos hommes.* Point, à la ligne. *Craig Dorson*

Fitz écrivait à toute vitesse. Après qu'il eut terminé, il tendit la missive à son patron qui y apposa son sceau personnel.

— Envoyez cette lettre tout de suite, Fitz. La dernière diligence part à cinq heures, je ne veux pas la manquer.

Fitz fit une courbette maladroite et sortit précipitamment du bureau. Dorson ruminait. Patton avait tout intérêt à lui répondre rapidement, sinon il prendrait des dispositions pour se rendre à Salem le plus vite possible. Il lui accordait quelques jours pour répondre à sa lettre. Il espérait que Patton n'avait pas fait de bêtises et que Redd était toujours en vie. L'ordre des inquisiteurs créé par Dorson travaillait en si étroite relation avec le tribunal de Boston qu'il ne voyait pas comment il pourrait s'en sortir si Patton faisait des siennes. Il l'avait déjà sauvé une fois, mais si Patton avait recommencé, Dorson ne viendrait pas à son secours. Si Patton tombait, tout son service le suivrait. Il s'arracha les quelques cheveux qui lui restaient en maudissant le jour où il avait tendu la main à l'inquisiteur, un ancien policier violent. À cette époque, Patton lui avait paru être le candidat idéal pour mener à bien sa mission d'épuration des sorcières. Mais au fil du temps, Dorson s'était rendu compte que l'homme n'obéissait pas toujours et qu'il n'était pas fiable pour un sou. Dorson avait confié le village de Salem à Patton car il avait pressenti que ce lieu porterait malheur. L'éventuel échec à Salem ne serait rien à côté de celui de Marblehead et des deux autres villages. Il avait réussi à ne pas ébruiter l'affaire, mais si une défaite se concrétisait à Salem, un rapace de journaliste se ferait un plaisir d'écrire un article assassin sur l'inutilité des inquisiteurs de Dorson. L'homme en frissonna. Ce serait la fin de sa carrière et une disgrâce éternelle. Tous ses ennemis n'hésiteraient pas à lui tomber dessus, et nombreux étaient ceux qui n'acceptaient pas ses méthodes. Jusqu'à maintenant, Dorson et ses hommes avaient été assez persuasifs pour les faire taire, mais il suffirait d'une faille dans le service et c'en serait fini des inquisiteurs. Dorson regrettait vraiment d'avoir croisé la route de Patton. Il aurait dû le laisser dans la rue.

Dans la clairière de Salem, les activités battaient leur plein. Un terrain de tir à l'arc avait été installé un peu en retrait pour permettre à tous de s'entraîner sans risque d'accident stupide. Près du feu, Sally Lockace avait étalé une grande feuille et, avec une plume, elle s'efforçait de faire comprendre son plan d'attaque aux filles Parris.

— Bon, je vous le répète une dernière fois. Là, dit-elle en pointant sa plume sur une rangée d'arbres, se cacheront les archers. Là, juste devant eux, ce sera nous. Les villageois se disperseront dans les bois mais aux abords du champ, pour encercler les inquisiteurs.

— Mais ça ne va pas du tout, Sally! s'exclama Abigail.

La sorcière, vexée, maugréa que personne n'écoutait jamais ses plans d'attaque.

Lucy Wood taquina Sally:

— C'est sans doute parce que tu n'es pas très douée pour mettre au point une tactique!

Rosaly éclata d'un rire cristallin tandis que Sally s'empourprait.

Lucy reprit:

— Ne te fâche pas! Mais ton plan n'est pas adéquat. Nous nous ferions massacrer en quelques minutes. Regarde! Si les archers s'installent derrière les arbres, il y a de fortes chances qu'ils n'aient pas assez de visibilité pour faire mouche. Mais si en plus nous plaçons nos forces devant leurs tirs, nos amis et nous sommes condamnés. Ce ne sont pas encore des tireurs émérites et je doute qu'ils y arrivent en si peu de temps. Ils ne doivent en aucun cas être derrière nous. Et si nous mettons les villageois dans la forêt, la dispersion sera facile. Nous devons au contraire faire bloc!

— Alors que proposes-tu, ma sœur, toi qui es si maligne ?!

— Voilà où est le problème, je pense, dit Betty. Tant que nous ne saurons rien de la façon de procéder des inquisiteurs, nous aurons bien du mal à établir un plan. Nous devons attendre qu'Ed en sache plus.

— Mais s'il ne parvient pas à se renseigner, il sera trop tard. Si les inquisiteurs arrivent demain, nous sommes perdus !

— Il ne pourra peut-être pas connaître leur plan d'attaque, mais il en saura la date, sois-en sûre ! Et il nous rejoindra avant que l'affrontement commence.

— Tu sembles bien aimer ce garçon, fit remarquer innocemment Rosaly.

Betty rougit aussitôt. Elle tenta de masquer son malaise en dessinant des formes dans la terre meuble. Abigail rit de bon cœur et Betty n'eut pas le courage de la rabrouer Cela faisait longtemps qu'elle n'avait pas vu sa cousine heureuse. Elle aperçut du coin de l'œil Emma arriver en courant, l'air excité.

— Que se passe-t-il encore ? soupira-t-elle en pointant le doigt vers l'enfant.

— J'espère que ce n'est pas une querelle, dit Abigail.

— Abi ! Betty ! hurla Emma. Vous ne devinerez jamais !

— Qu'est-ce qu'il y a ?

— Devinez !

— Emma ! cria Betty.

— Ezra est réveillé !

Abigail courait déjà vers la couche du jeune homme pour vérifier les dires de l'enfant. Son cœur manqua un battement quand elle vit Ezra en train de se redresser. Elle se laissa tomber à genoux aux côtés de son ami et l'écrasa en le serrant contre elle.

— Tu es vivant ! Tu es vivant ! s'écria-t-elle.

— Abi, souffla Ezra, je ne peux plus respirer.

— Oh ! Pardon.

La jeune fille s'écarta un peu, mais elle garda la main d'Ezra entre les siennes.

— Seigneur ! Je n'y croyais plus !

Des larmes de joie perlèrent de ses yeux et elle se retint de hurler son bonheur. Sally s'approcha et s'accroupit au niveau d'Ezra.

— Comment te sens-tu ?

— Comme si je venais de sortir d'un long et douloureux cauchemar. Mon épaule m'élance, mais je vais bien.

— Laisse-moi regarder la plaie.

Ezra parvint à s'asseoir avec l'aide de Betty et d'Abigail. Sally souleva la tunique du jeune homme et examina la blessure. Celle-ci n'était plus boursouflée. Même si une légère rougeur persistait, elle semblait sur la voie de la guérison. Ezra retira ensuite sa tunique pour que Sally puisse regarder sa longue balafre. La sorcière enleva le bandage et fut surprise de ne découvrir qu'une petite cicatrice qui courait sur tout le bras d'Ezra. Tout avait l'air normal.

— Je crois que tu es guéri, dit Sally d'un ton soulagé.

— Merci !

— Ce n'est pas moi qu'il faut remercier mais Abigail. Sans elle, nous n'aurions rien pu faire.

— Tu ne te souviens pas ? demanda la jeune fille. Je t'ai rejoint dans cet entre-deux mondes que Betty avait visité. Tu m'as dit comment procéder là-bas.

Devant la mine interrogative d'Ezra, elle en déduisit qu'il ne se souvenait de rien. Mais ce n'était pas important. Il avait repris conscience et, dans quelques jours, après avoir retrouvé ses forces, il pourrait poursuivre l'entraînement de ses hommes.

— Alors ? demanda-t-il. Que s'est-il passé pendant mon absence ?

Personne n'eut le temps de répondre car tout le village accourait au chevet d'Ezra, prévenu par Emma qui continuait à cabrioler en hurlant de joie. Ezra se retrouva noyé sous une marée de gens qui voulaient le toucher, le remercier, lui souhaiter un prompt rétablissement. Le dernier à venir vers lui fut Daniel Andrew. Il s'assit à côté d'Ezra et ne dit rien. Ezra regarda longtemps son compagnon avant de poser sa main sur son bras. Daniel releva la tête et fit un sourire triste.

— Ne t'inquiète pas, dit Ezra. Vous vous en êtes tous sortis, c'est le principal. Et je vais bien aussi.

Daniel baissa la tête de nouveau. Quand Ezra chercha le regard d'Abigail pour comprendre ce qui se passait, celle-ci se détourna.

Ezra interrogea Daniel :

— Il y a quelque chose que tu veux me dire ?

— Nous… nous n'avons pas… hoqueta Daniel. Nous ne sommes pas tous rentrés.

Ezra écarquilla les yeux. Parcourant du regard la foule, il essaya de trouver qui pouvait bien manquer à l'appel. Mais près de cinquante personnes s'étaient amassées autour de lui et il ne parvenait pas à trouver celui ou ceux qui étaient absents.

— Qui ? demanda-t-il enfin.

— Nous n'avons rien pu faire pour Job…

Ezra en eut le souffle coupé, comme si un poing énorme venait de le frapper au creux de l'estomac.

— Que s'est-il passé ?

— Ils l'ont tué.

— Non, je veux savoir ce qui s'est passé. Pourquoi personne n'a-t-il aidé Job ?

Il lança un regard accusateur à Abigail qui se mit en colère tout de suite.

— Ce n'est pas ma faute. Il n'a pas voulu rester avec moi. Il a failli tous nous faire tuer. Je ne l'ai pas lâché exprès. Et je t'avais demandé de le rattraper.

— Je ne pouvais pas m'occuper de tout le monde ! cria Ezra.

— Moi non plus ! hurla la jeune fille.

— Ça suffit ! s'exclama Daniel. Ce n'est pas votre faute ni à l'un ni à l'autre. Job voulait rendre service à la clairière. Il n'avait que ça en tête mais il a fait le mauvais choix.

Il partit précipitamment. Doucement, tous les habitants de la clairière s'éloignèrent aussi, silencieux. Bientôt, il ne resta plus que Betty, Abigail et Ezra. Betty se sentit de trop. Elle se pencha vers le jeune homme.

— Je suis contente que tu sois de retour parmi nous.

Et elle s'en alla. Abigail et Ezra restèrent en tête à tête sans dire un mot. Ezra brisa le silence.

— Excuse-moi. J'ai été injuste. Bien sûr que ce n'est pas ta faute. Mais je pensais que tout le monde était sauf. Et Job était quelqu'un de bien. C'est lui qui nous a apporté l'aide de l'Alliance de Terwik. J'étais en colère, mais pas contre toi. Sa mort est injuste.

Attendrie et apaisée, Abigail sourit gentiment.

— Je le sais bien. Je me suis emportée aussi. Les derniers jours ont été compliqués et je n'ai pas beaucoup dormi.

— Ça tombe bien, je suis fatigué aussi.

Il ouvrit grand les bras et Abigail s'y blottit avec bonheur. Quelques minutes après, les amoureux dormaient.

8

Patton grimaça de mécontentement quand il entendit frapper à sa porte.

— Entrez, gronda-t-il.

Il fut surpris de voir entrer Oliver Seanghaill, son plus fidèle inquisiteur. Dès leur arrivée à Salem, Patton l'avait mis à la tête de tout un contingent d'hommes. Jusqu'à maintenant, Oliver était le seul à avoir répondu à toutes ses attentes.

— Tiens, tiens, mon cher Oliver ! C'est la première fois que je vous vois dans mon bureau. Habituellement, ça n'est pas de bon augure, soit pour moi, soit pour la personne qui y est conviée. Que puis-je faire pour vous ? J'espère que vous ne m'apportez pas une mauvaise nouvelle.

— Sir Patton, je crains que ce ne soit malheureusement le cas. Mais, à vrai dire, j'ai peur de ne pas avoir un jugement assez objectif. C'est pourquoi je me suis permis de venir vous voir. J'aurais besoin de votre avis.

— Dites-moi tout, mon ami ! Est-ce une affaire grave ?

— Il s'agit du jeune Sam Redd, sir.

— Et qu'a fait ce garnement pour que cela vous amène jusque dans mes quartiers ?

— Je crois que c'est un traître.

Patton en resta muet. Un traître dans ses rangs ?

— Qu'est-ce qui vous fait croire ça, Oliver ?

— L'autre soir, Sam a posé beaucoup de questions sur la façon dont nous allions procéder pour attaquer les sorcières.

— Eh bien, c'est peut-être seulement un jeune inquisiteur qui s'intéresse grandement à ce que nous faisons et qui souhaite monter en grade. Je ne vois pas ce qu'il y a de mal à cela.

— Je vous assure que ses questions étaient très directes. Il a essayé de me manipuler en disant que vous ne saviez pas quoi faire et que vous nous envoyiez tous à la mort. Il a même demandé le jour et le lieu de l'attaque !

Patton tiqua. En effet, c'était étrange. Les inquisiteurs ne s'informaient jamais à ce propos. Ils se tenaient toujours prêts au combat, et Patton avait d'ailleurs construit sa réputation sur le fait qu'il prévenait ses hommes au dernier moment. Il agissait ainsi pour éviter d'éventuelles trahisons, mais surtout parce que, nerveux, ses hommes étaient beaucoup plus efficaces.

— Très bien, Oliver. Merci de m'avoir prévenu. Je vais régler cette affaire rapidement. Ne vous inquiétez pas.

— Merci, sir.

Oliver Seanghaill tourna les talons. Il s'apprêtait à ouvrir la porte quand Patton le rappela.

— Ne dites pas à Sam que vous m'avez parlé. Faites comme si de rien n'était. Et si vous percevez quelque chose de suspect, revenez me voir.

— D'accord, sir. Comptez sur moi !

Avant de prévenir la Barbadienne qui, impulsive comme elle l'était, se précipiterait pour tuer Sam Redd, créant le chaos dans ses troupes, Patton décida d'aller parler à la personne qui connaissait le mieux Sam ici : son père. Cela faisait longtemps qu'il n'était pas descendu dans les cachots et, dès qu'il ouvrit la porte, la puanteur le prit à la gorge. Il attrapa prestement un des masques dont ses hommes se servaient pour se prémunir des vapeurs d'opium et se le noua autour de la tête pour protéger son nez et sa bouche. Il descendit les quelques marches et se dirigea vers la cellule de Nathan Redd. Un murmure le fit s'arrêter et tendre l'oreille. Deux voix chuchotaient dans le noir. Il reconnut celle du juge, mais l'autre lui était complètement étrangère. Un instant, il eut peur que quelqu'un ait réussi à pénétrer dans la prison afin de libérer le vieil homme. Sur la pointe des pieds, il s'avança entre les flaques d'eau suintante et s'arrêta juste avant la cellule de Nathan Redd. Il se pencha un peu et jeta un coup d'œil à travers les barreaux. Nathan était allongé sur sa couche, le visage tourné vers le mur, et il parlait. Un instant, Patton le crut devenu fou, mais quand une voix lui répondit, il sursauta. Il devina que ce ne pouvait être que le seul autre prisonnier du cachot, un inquisiteur insubordonné. Il se racla la gorge et afficha son éternel sourire cruel.

Nathan Redd sursauta et se retourna brusquement. Ce qui, sembla-t-il à Patton, arracha une grimace de douleur au prisonnier.

— Bonjour, mon cher Nathan, susurra Patton. Comment allez-vous ?

Nathan ne répondit pas, fixant le visiteur avec horreur. La dernière fois que Patton était descendu, c'était parce que les inquisiteurs qui gardaient les geôles s'étaient plaints de ses lamentations. Nathan avait reçu une correction en règle. Où que se trouve Patton, ce n'était pas bon signe.

— Non, ne vous inquiétez pas. Je viens seulement bavarder un peu avec vous. J'ai quelques questions à vous poser. Vous permettez ?

Abasourdi, Nathan hocha la tête. Derrière le mur, la voix ne se faisait plus entendre.

— À qui parliez-vous, Nathan ? demanda Patton d'une voix douce.

— À David, un de vos jeunes inquisiteurs que vous avez jeté ici comme un malpropre, répondit Nathan d'une voix tremblante de peur et de colère.

— Ce petit insolent ne voulait pas faire ce que je lui demandais.

— Il n'a pas voulu tuer des innocentes ! Et c'est tout à son honneur !

— Je constate que lui et vous, vous vous entendez comme larrons en foire. Écoutez-moi bien, Redd. Si vous répondez à mes questions, peut-être vous octroierai-je le droit de faire cellule commune avec votre compagnon de fortune. Qu'en pensez-vous ?

Nathan réfléchit quelques instants. Après tout, le temps serait moins long à deux. Et il voulait voir à quoi ressemblait ce gamin, voir sur son visage qu'il pouvait encore le sauver.

— D'accord. J'accepte.

— Très bien. Voilà qui est raisonnable !

— Ne prenez pas ce ton mielleux avec moi, Patton. Si je sors un jour de ce trou, ne croyez pas que je vous ferai une fleur !

— Mais je n'y compte pas, mon cher. Aujourd'hui, c'est votre tour. Peut-être que le mien viendra… mais je ne pense pas, non.

Il éclata d'un rire qui résonna sur les parois en pierre de la prison.

— Alors ? Ces questions ?

— Vous êtes pressé. Ces questions concernent votre fils et je ne vous conseillerai jamais assez de ne pas me mentir. Sommes-nous d'accord ?

— Oui, accorda Nathan de mauvaise grâce.

— Quel âge a Sam ?

— Dix-sept ans.

— Où est-il né ?

— À Boston.

— En quelle année ?

Nathan, pris au dépourvu, buta sur la question. Satisfait, Patton se passa la langue sur les lèvres.

— Tiens, tiens… Vous ne connaissez pas l'année de naissance de votre fils. C'est intéressant.

— Que cherchez-vous ?

— Je veux savoir qui il est !

— Mon fils. Sam Redd.

— Ne jouez pas au plus fin avec moi.

Patton se leva, l'air menaçant, et s'approcha de Nathan qui se recroquevilla sur sa paillasse de fortune. Le pied de l'inquisiteur fusa et se planta dans les côtes du juge qui gémit en se repliant.

— D'où vient ce gamin ?

Comme Nathan ne répondait pas, Patton le frappa de nouveau. La colère monta subitement en lui et il se mit à rouer de coups le pauvre homme qui se protégeait tant bien que mal, ballotté entre le mur de pierres qui lui meurtrissait le dos et les grosses chaussures de Patton qui le martelaient.

— Êtes-vous prêt à me répondre ? s'enquit Patton.

— Je vous en prie, arrêtez. Je vous dirai ce que vous voulez savoir.

Patton se calma instantanément.

— Sam vivait à l'orphelinat de Crackwick, à Boston. Nous l'avons recueilli quand il avait onze ans. Il s'appelait Ed. Mais je ne connais pas son ancien nom de famille.

— Est-ce qu'il avait des amis là-bas ?

— Bien sûr ! C'était un enfant !

— Des noms !

— Je ne me souviens pas, gémit Nathan.

Patton s'approcha rapidement de lui.

— Non, pitié ! Je vais vous répondre. Il y avait un Jack, je crois. Joshua. Harvey. Mon fils, Ed. Et le dernier s'appelait Ezra, je crois. C'était son meilleur ami. J'ai aidé Sam à les chercher pendant des années.

Mais Patton n'écoutait plus. Ainsi Oliver avait vu juste. Sam était un traître à la cause. Il complotait avec les sorcières, avec cet Ezra. Il jeta un dernier coup de pied à l'homme par terre et partit rapidement.

— Et votre offre, Patton ? murmura Nathan, pitoyable.

En guise de réponse, l'inquisiteur éclata d'un rire haineux et méprisant et sortit du quartier des cellules en riant encore. Mais dès qu'il eut fermé la porte, il se demanda quoi faire. Il devait à tout prix empêcher ce Sam de réduire ses plans à néant. Mais comment procéder ? À ce moment, la porte de la prison s'ouvrit et un coursier entra, tenant une lettre dans sa main.

— De Boston, sir.

Patton ne le remercia même pas et ouvrit la missive. Elle venait de Dorson. Il la lut attentivement et jura. Voilà qui lui compliquait les choses. Ou peut-être pas.

Vraisemblablement, Dorson ne voulait pas que du mal soit fait à Nathan Redd, mais c'était trop tard. Toutefois, Patton pouvait parler à son chef de la trahison de la famille Redd. Cela justifierait la fin du père et du fils. Satisfait de son idée, il se précipita dans son bureau et rédigea sa lettre. Il présenta d'une façon très professionnelle les actes dont étaient coupables les deux Redd. Patton amplifia les charges contre le juge et son fils et se déclara prêt à attendre les indications de Dorson quant à ce qu'il devait faire d'eux. Patton savait exactement ce que son chef préconisait pour les traîtres : la mort, tout simplement. Maintenant, il devait trouver Sam. Mais il décida tout d'abord d'aller informer Tituba des derniers événements.

Patton trouva la sorcière dans la maison qu'elle s'était appropriée dernièrement. L'inquisiteur répugnait à y mettre les pieds. Tout était recouvert de poussière et les fenêtres étaient en tout temps obstruées par des rideaux opaques. Mais surtout, dès que l'on pénétrait dans la maison, on tombait en face des trois esclaves de la Barbadienne qui vous regardaient d'un air vide.

— Tituba ! appela-t-il, mal à l'aise.

L'interpellée apparut aussitôt en haut de l'escalier.

— Je peux vous parler un instant ?

— Qu'est-ce que vous me voulez ?

— Allons discuter dehors, je vous prie.

Il sortit précipitamment, heureux de retrouver la lumière du soleil après avoir passé quelques secondes dans l'ambiance oppressante de la maison. Tituba le rejoignit en plissant les yeux, incommodée par la luminosité.

— Que se passe-t-il ? Des villageois font encore des bêtises ? se moqua-t-elle.

— Non, non ! Tout va bien de ce côté. Je dois vous parler de Sam Redd. Vous le connaissez, je crois.

— Oui.

— Eh bien, son supérieur est venu me voir pour me confier ses doutes à son sujet. Pris de conscience, je suis allé vérifier auprès de son père s'il s'agit d'un homme de confiance. Et savez-vous ce que j'ai découvert ?

— Que le jeune Sam Redd s'appelle en fait Ed et qu'il a grandi avec notre ennemi, Ezra ?

Patton en resta bouche bée.

— Vous le saviez ?

— Bien sûr.

— Mais pourquoi n'avez-vous rien dit ? Vous vous rendez compte que cela aurait pu compromettre nos chances de réussite ?

— Pourquoi ? Parce que je ne vous ai pas mis au courant ? Vous croyez que je ne l'ai pas à l'œil ? Vous pensez que j'ai besoin de vous pour le surveiller ? Mais, mon pauvre, quand donc comprendrez-vous que je me moque de vous comme de ce caillou !

Furieux, Patton serra les poings.

— Et que comptez-vous faire alors ? demanda-t-il, hargneux.

— Ne vous inquiétez pas ! Il ne nous embêtera plus. Je n'avais pas le temps, mais maintenant je vais m'en occuper.

— Si vous le tuez, faites-le discrètement, je vous en conjure !

— Je ne vais pas le tuer. Je vais l'exposer pour que tous les hommes sachent ce qu'il en coûte de nous trahir. Et pour pousser les sorcières à faire une erreur. Elles ne laisseront pas un des leurs dans le pétrin.

Malgré lui, Patton ne put s'empêcher de ressentir de l'admiration pour cette femme machiavélique. D'un pas leste, elle se rendit sur la place du village, suivie de près par Patton. Là, elle tendit les deux mains face aux inquisiteurs qui se reposaient. Ceux qui étaient à sa portée s'éloignèrent rapidement. Des paumes de Tituba sortirent des filaments transparents qui commencèrent à s'enrouler sur eux-mêmes. Elle resta ainsi plusieurs minutes jusqu'à ce qu'une imposante boule d'air flotte à quelques pouces du sol.

— Savez-vous ce que c'est ? demanda-t-elle à la ronde.

Comme personne ne répondait, elle continua.

— C'est une prison. Une prison réservée aux traîtres.

Un murmure atterré parcourut l'assemblée. Les visages se tournaient les uns vers les autres pour découvrir de qui elle parlait. Ed qui était dans les premiers rangs mais caché derrière de grands hommes, se recroquevilla et chercha à reculer discrètement. Mais les inquisiteurs, curieux du spectacle, se pressaient vers l'avant pour mieux voir. Ed se hissa sur la pointe des pieds pour jeter un coup d'œil. Il se pétrifia. Tituba le fixait droit dans les yeux. Elle tendit la main vers le groupe derrière lequel il se cachait. Une force invisible fit tomber tous les hommes et Ed se retrouva seul, debout. Quelque chose qu'il ne voyait pas l'emprisonna et le souleva de terre. Il n'eut pas le temps de réagir. Il était prisonnier de cette prison d'air. Ed tenta aussitôt d'en sortir, mais il rebondissait contre les parois. L'air tourbillonnant était infranchissable.

— Voilà ce qui s'appelle faire une bonne pêche ! susurra Tituba.

Elle s'éloigna aussitôt, laissant tout le monde interdit. Ed s'entêta à frapper les cloisons de sa prison. Il se fatigua rapidement et se laissa tomber sur le sol, abattu. Ses compagnons passèrent à côté de lui sans lui adresser un regard. Mais ce qui inquiétait le plus Ed, c'était de trouver comment il ferait pour prévenir Ezra et les sorcières maintenant.

Après une nuit réparatrice, Ezra avait dévoré un gigantesque petit-déjeuner. Aussitôt son repas terminé, il avait regroupé ses hommes pour une nouvelle séance d'entraînement.

— Tu es sûr que tu te sens d'attaque, Ezra ? demanda John Willard.

— Certain, mon ami ! Si tu savais comme je suis content de refaire un peu d'activité après tous ces jours d'immobilité ! Reprenons vite où nous avions laissé !

— Avant, dit Hezekiah Usher, nous avons une surprise pour toi.

— Vraiment ?

— Assois-toi là.

Ezra prit place sur une souche d'arbre tandis que les hommes se mettaient à l'autre bout de l'aire d'entraînement. Ils s'agrippèrent tous solidement par les bras et se mirent à courir droit sur Ezra. À quelques pieds de lui, le jeune homme vit apparaître tout le long de la muraille d'hommes un reflet transparent et lumineux. Il écarquilla les yeux de surprise. Les hommes s'arrêtèrent juste avant de foncer sur Ezra. Tous souriaient, contents d'eux.

— C'est incroyable ! s'écria Ezra. Vous avez réussi !

— Et cela fonctionne chaque fois maintenant ! se targua Dudley Bradstreet.

— Je suis vraiment fier de vous ! s'exclama Ezra. Je savais que vous y arriveriez, mais je ne pensais pas que ce serait si tôt. Incroyable ! Je ne sais pas quoi dire, à part… recommencez !

Tous éclatèrent de rire et obéirent de bonne grâce à Ezra. Celui-ci participa même un peu, mais le sortilège et la course lui demandaient beaucoup trop d'efforts. Quand la tête commença à lui tourner, il retourna s'asseoir. Et lorsque Abigail lui demanda de venir se reposer, il ne se fit pas prier. Il s'éloigna sous les sourires moqueurs de ses amis.

— Qu'est-ce que vous pouvez bien trafiquer, toi et les hommes ? demanda Abigail en se blottissant contre Ezra.

— C'est une surprise, Abi ! Une surprise qui pourrait bien nous servir, je crois !

La jeune fille n'insista pas.

— Est-ce qu'Ed est venu quand j'étais inconscient ?

— Non, nous ne l'avons pas vu depuis un moment.

— C'est étrange. J'espère qu'il ne lui est rien arrivé. Il a toujours été un peu tête brûlée.

— Et c'est toi qui dis ça !

Ezra pouffa.

— Il est bien pire que moi, crois-moi !

— Betty l'aime beaucoup.

— Je crois que c'est réciproque.

Ils restèrent silencieux un moment, écoutant les bruits de la vie dans la clairière.

— Comment ça se présente pour nous ? demanda Abigail dont la voix était teintée d'angoisse.

— Tout ira bien, assura Ezra en serrant son amie un peu plus fort. Nous sommes nombreux, entraînés et, surtout, nous nous battons pour notre liberté. C'est la plus belle cause que nous pouvons servir ! Et elle nous portera !

Rassérénée, Abigail rectifia sa position et posa sa main dans le cou du jeune homme. Ezra respira le parfum de son amoureuse et se dit que, malgré toute l'horreur qui les attendait, lui et les autres, il n'aurait pas voulu être ailleurs en ce moment même.

9

La tension grimpait en flèche dans la clairière. Et pour cause. Une épidémie de rhume avait atteint presque la totalité des effectifs. Dans tous les coins, on entendait des éternuements et des quintes de toux. De nombreux habitants restaient allongés, trop fatigués pour faire quoi que ce soit. Ezra, tout juste remis de sa blessure, courait partout, complètement paniqué à l'idée de se faire attaquer au moment où personne n'était capable de se défendre. Il apportait des couvertures, de l'eau, se préoccupait de tout et de tout le monde. Sally l'observait en souriant. Elle avait beau lui répéter qu'il ne s'agissait que de rhumes bénins et qu'il n'y paraîtrait plus dans deux jours, Ezra s'entêtait :

— Et si les inquisiteurs arrivent en force demain ? Comment fera-t-on ?

— J'envoie des éclaireurs régulièrement au village. Ils disent tous la même chose. C'est le calme plat !

— On ne sait jamais.

— De toute façon, tu ne peux rien faire de plus. Il faut attendre que ça passe.

— Je n'aime pas attendre !

Et il repartait au chevet d'un malade ou rassemblait les armes en tas qu'il ne cessait de déplacer. Betty s'approcha de Sally qui souriait, goguenarde.

— Ce garçon est impressionnant. Il ne tient pas en place !

— Et encore ! Vous ne l'avez jamais vu lorsqu'il s'agit de prendre du repos ! Le pauvre tourne tellement en rond que l'on est obligé de lui donner des tâches. Abigail ne s'ennuiera jamais avec un homme comme lui !

— Peut-être que oui, s'il ne lui laisse rien faire !

Les deux femmes éclatèrent d'un rire cristallin puis s'éloignèrent ensemble pour aller donner leur remède aux malades. Sally avait élaboré une tisane à base de thym, d'eucalyptus et de miel. La boisson était si agréablement odorante que même les habitants sains en prenaient souvent. Abigail rejoignit ses compagnes et commença à remplir des bols pour aider à la distribution.

— Qu'est-ce que tu as fait d'Ezra ? s'informa Betty.

— Je l'ai mis de corvée de bois, répondit nonchalamment Abigail.

— De bois ? Mais nous en avons plus qu'il nous en faut et, avec cette chaleur, ce n'est pas vraiment nécessaire !

— Je sais ! Mais c'est la seule tâche qui me permettait de ne plus l'avoir dans les jambes. Le connaissant, il va couper la moitié de la forêt, et quand il rentrera, il sera tellement fatigué qu'il me laissera tranquille !

Les cousines pouffèrent.

— As-tu des nouvelles d'Ed ? interrogea Abigail.

Betty s'empourpra aussitôt.

— Pourquoi tu me demandes ça ? Je ne connais pas ce garçon, alors je ne vois pas pourquoi il me donnerait de ses nouvelles.

Amusée, Abigail regarda sa cousine. Décidément, Betty savait de moins en moins mentir.

— Ezra et moi, nous nous inquiétons. Nous n'avons pas vu Ed depuis longtemps, alors qu'il est censé nous tenir au courant de ce qui se passe au village. C'est la raison pour laquelle Ezra est aussi fébrile. Et je le comprends. Nous sommes dans le noir en ce moment. Et Ed est notre avantage. J'espère qu'il viendra nous visiter bientôt.

— Peut-être qu'il ne le peut pas, hasarda Betty.

— Justement, c'est bien ça qui m'inquiète. Avec Tituba qui rôde, je ne suis pas tranquille pour lui. J'espère qu'il ne lui est rien arrivé.

Betty rougit de plus belle et marmonna quelque chose qu'Abigail n'entendit pas.

— Qu'est-ce que tu as dit ?

— Ed est fort et intelligent.

— Je n'en doute pas, répondit Abigail, souriante. Mais s'il ne s'est pas manifesté d'ici un ou deux jours, il faudra aller voir nous-mêmes ce qui se passe là-bas.

— Je ne comprends pas. Sally envoie régulièrement des éclaireurs. Ils n'ont rien signalé d'étrange.

— Mais ils ne connaissent même pas l'existence d'Ed. Et s'il est en prison, ils n'ont pas pu le voir.

Abigail se mordit les lèvres. Elle regrettait ses dernières paroles. Betty avait pâli d'un coup. Malgré tout ce que celle-ci disait, l'ami d'Ezra ne la laissait pas indifférente et elle savait que son esprit avait été totalement obsédé par Ed ces derniers temps. Elle aussi s'inquiétait, sauf qu'elle n'en parlait pas.

— Ne t'inquiète pas ! s'empressa d'ajouter Abigail. Quoi qu'il lui soit arrivé, on le sortira de là. Je te le promets !

Betty acquiesça, soulagée.

— Est-ce qu'Ezra pense qu'Ed nous a trahis ? demanda-t-elle après quelques instants de silence.

— Oh non ! Bien sûr que non !

— Allons, Abi ! Ne me mens pas !

Penaude, la jeune fille baissa la tête, les joues cuisantes de honte. La veille, Ezra, fatigué et énervé, avait émis l'idée qu'Ed avait retourné sa veste et s'était définitivement rangé du côté des inquisiteurs. Il avait tempêté et vitupéré pendant des heures à ce sujet tandis qu'Abigail faisait tout son possible pour le calmer et le raisonner. Mais Ezra n'avait rien voulu entendre. En fait, il avait même dit qu'il ne se préoccuperait plus de son ami à présent et que les gens de la clairière se débrouilleraient seuls comme ils l'avaient fait jusqu'à l'arrivée d'Ed. Mais Abigail refusait de s'en tenir là. Aussi, ce n'était pas Ezra qui avait déclaré qu'il fallait partir à sa recherche si Ed ne se manifestait pas d'ici quelques jours, mais bien Abigail. Elle savait que le fait d'en parler à Betty aurait pour conséquence que la jeune fille n'attendrait pas deux jours pour s'éclipser en direction du village pour en avoir le cœur net.

— Il… il pense effectivement… enfin peut-être… je veux dire… Tu connais Ezra ! Il s'emballe très vite. De plus, il est épuisé en ce moment et…

— Ne te fatigue pas ! J'ai compris.

— Je suis sûre qu'Ed va bien et qu'il ne nous a pas trahis. Je pense que Tituba lui fait la vie dure et qu'il n'a pas encore trouvé le moment propice pour s'échapper.

Betty approuva d'un sourire triste qui broya le cœur de sa cousine. Cette dernière maudit Ezra de s'emporter aussi facilement et se fustigea de ne pas savoir mieux mentir. Betty s'éloigna, les bras chargés d'un plateau plein de tasses, de bols et de verres fumants. Abigail la regarda partir, les épaules basses. Elle ne supportait plus cette façon de vivre. Le fait de se terrer dans la forêt sans savoir de quoi le lendemain serait fait lui pesait énormément. Et les mauvaises nouvelles qui succédaient aux petits bonheurs devenaient intolérables. Ezra était vivant, mais Job était mort. Les inquisiteurs ne semblaient pas prêts à attaquer, mais tout le monde était malade. Betty était amoureuse, mais le jeune homme concerné s'était évaporé dans la nature. Les enfants étaient fatigués, apeurés, les femmes dépassées, les hommes surchargés. Même les veillées qu'ils organisaient de temps en temps n'arrivaient plus à leur redonner le sourire et l'espoir. Abigail avait hâte que tout se termine mais, en même temps, elle redoutait tellement l'issue du combat que si elle en avait eu le pouvoir elle aurait figé le temps. Peut-être serait-elle même retournée quelques années en arrière. Avant que le révérend Parris n'engage cette sorcière de Tituba. Leur vie était si douce et insouciante alors. Rien ne laissait présager ce basculement dans l'horreur.

— Une attaque !

La voix déchira le silence et fit sursauter Abigail, qui se tourna de tous côtés pour voir d'où venait le cri. À l'orée de la clairière, tous les habitants se réunissaient déjà autour de celui qui avait hurlé. Bientôt d'autres cris retentirent et de nombreux doigts pointèrent vers le ciel. Étonnée, Abigail leva les yeux aussi, sceptique quant à une attaque venant des cieux. Elle fut surprise de voir entre les nuages tout un déploiement d'étranges oiseaux blancs qui voletaient en désordre et se déployaient au-dessus de la clairière, prêts à plonger sur les gens de la clairière. Betty accourait, accompagnée de Sally, Lucy et Rosaly. Toutes les quatre se précipitaient vers l'attroupement. Ezra, attiré par le bruit, sortit du couvert des arbres et se retrouva au milieu des habitants avant que ses amies ne le voient.

— Que se passe-t-il encore ? demanda-t-il, paniqué. J'ai cru entendre le mot « attaque » !

Personne ne lui répondit. Il suivit le regard de tout le monde et resta muet devant le nuage d'oiseaux blancs qui descendaient à une vitesse vertigineuse.

— Regardez ! hurla une autre voix.

L'air terrorisé, une femme désignait un autre coin du ciel. Tout le monde regarda dans la direction indiquée. Un autre essaim d'oiseaux arrivaient de ce côté. En fait, de partout, de bruyantes colonies volaient vers la clairière.

— C'est une attaque ? demanda un enfant à Ezra.

— Je ne crois pas, murmura le jeune homme perdu dans la contemplation des cieux.

— Mais alors, qu'est-ce que c'est ? interrogea Betty.

Quand les premiers oiseaux se posèrent sur le sol de la clairière, tout le monde resta interdit. De nombreux habitants reculèrent, apeurés. Les enfants, moins craintifs, s'approchèrent tout doucement des volatiles. L'un d'eux en attrapa un et le regarda de plus près. Il s'agissait d'une colombe. C'était donc une multitude de colombes qui parsemaient la clairière en s'ébrouant et en se dandinant.

— Oh ! s'exclama un enfant.

Ezra s'approcha aussitôt de lui et s'accroupit à ses côtés.

— Regarde, Ezra ! Il y a quelque chose d'accroché à la patte de l'oiseau !

Ezra regarda attentivement l'oiseau et le prit des mains de l'enfant. Il détacha la cordelette qui retenait un petit cylindre ressemblant à du parchemin. Il déroula le papier et le lut. Aussitôt, un sourire éclatant éclaira son visage. Abigail s'approcha d'Ezra et déchiffra l'écriture par-dessus son épaule.

— C'est un message de soutien ! s'écria-t-elle.

Tout le monde dans la clairière s'égaya et s'approcha des oiseaux qui se faisaient volontiers attraper. Chacun détacha un papier des volatiles et se mit à le lire à voix haute.

— *Pour Salem. Courage. De la part des sorcières de Belmont.*

— *Nous sommes avec vous. Les sorcières d'Arlington.*

— *Tenez bon. Justice sera faite un jour. Les sorcières de Bedford.*

— *Nous ne pouvons pas venir. Les inquisiteurs nous retiennent. Battez-vous pour notre cause. Pour notre communauté. Les sorcières de Chelsea.*

— Il y en a des centaines, murmura Ezra, émerveillé.

— C'est incroyable ! s'exclama Betty.

— Nous ne sommes pas seuls ! hurla un homme au comble de la joie.

Des femmes pleuraient et des enfants s'amusaient à récupérer tous les messages de paix et d'encouragement qui restaient encore après des dizaines de colombes.

— Celui-ci vient des sorcières de Chelmsford ! s'écria un homme.

Un souffle d'étonnement traversa la clairière. Chelmsford était à près de trente-cinq milles de Salem, une distance que la plupart des gens présents n'avait jamais parcourue.

— J'ignorais que nous étions autant ! dit Sally. L'article du *Cambridge Gazette* était véritablement mensonger. Il reste encore de nombreuses sorcières dans la région. Quel dommage qu'elles ne puissent pas nous rejoindre ! Nous aurions tôt fait d'écraser les inquisiteurs avec leur aide !

— Ce n'est pas grave ! cria Ezra à la ronde. Ce qui est important, c'est de savoir que nous ne nous battons plus seulement pour notre liberté mais pour celle de toutes ces femmes qui sont comme nous : terrées dans des endroits peu accueillants et qui espèrent vivre de nouveau libres un jour. Elles ont échoué mais elles sont vivantes. Nous sommes leur dernier espoir ! Ne les décevons pas !

Un hurlement approbateur lui répondit. Ezra leva le poing en l'air, transcendé par l'événement qui venait de se produire. Abigail observait son ami, amusée et attendrie. Il avait vraiment l'étoffe d'un meneur, et elle le respectait pour cela.

— Nous allons vaincre l'ennemi ! scanda Ezra d'une voix tonitruante.

Les nombreux hommes de l'assemblée levèrent également le poing au ciel en réponse au jeune homme. Ce dernier poursuivit :

— Nous allons vaincre les inquisiteurs et ils regretteront tout ce qu'ils nous ont fait subir ! Nous vengerons nos morts ! Nous vengerons ceux qui se sont fait torturer par les inquisiteurs, ceux qui ont croupi dans les geôles infâmes de Patton ! Nous vengerons la perte de nos amis, de nos maisons, de nos vies, de notre village !

Nous allons leur montrer ce qu'une bande de villageois et de sorciers en colère est capable de faire !

Ezra marchait de long en large comme pour motiver ses troupes avant la bataille. Il attirait tous les regards. Les habitants de la clairière étaient subjugués par l'aura que dégageait le jeune homme : un mélange de force et d'empathie, les qualités d'un vrai chef de guerre inspirant le respect de ses compatriotes.

— Ces femmes vivent dans la clandestinité, tout comme nous ! On les accuse de crimes qu'elles n'ont pas commis. Comme nous ! On les traque, on les torture, on les tue au nom d'un ordre moral que je ne reconnais plus. Au nom d'une religion que je ne comprends pas. On nous traite comme des animaux parce que nous sommes différents. Parce que nous avons la chance de posséder un don. Un don que tout le monde voudrait avoir ! Un don qui nous permet de guérir, de faire le bien. On nous décime parce que nous faisons le bien autour de nous. À cause de l'intolérance des inquisiteurs, nous devons combattre le mal. Le mal qui se cache sous ces centaines d'habits noirs, sous ces tignasses sales, derrière ces regards haineux. Il faut mettre hors d'état de nuire Patton, car il est le pire de tous !

Ezra reprit son souffle puis il hurla :

— Membres de la Confrérie de la Clairière et de l'Alliance de Terwik, êtes-vous prêts à vous battre pour notre cause ? Êtes-vous prêts à vous battre pour des inconnus que nous ne verrons sans doute jamais ? Êtes-vous prêts à mettre votre vie au service de la grande communauté des sorcières ? Nous entrerons dans l'histoire par la grande porte, celle des droits humains, celle de la liberté ! Et croyez-moi, une fois que cette porte sera ouverte, elle ne se refermera jamais ! Nous allons donner un coup de pied dans la fourmilière et je veux voir les inquisiteurs s'éparpiller, sonnés !

Cette fois, même Abigail cria en retour avec les autres, transportée par les paroles de son amoureux qui vibrait devant l'assistance. Betty sautait sur place. Sally, plus placide, se contentait de regarder Ezra avec un sourire approbateur et, dans les yeux, la flamme de la fierté.

— Nous raconterons ce moment de notre vie avec superbe, un jour ! clama encore Ezra. Nos enfants se nourriront de nos récits et nous pourrons leur dire que nous avons posé la première pierre à l'édification d'une nation tolérante et juste. Nous leur dirons que s'ils sont libres, c'est grâce à tous ceux qui se sont soulevés dans le pays. Grâce à ceux qui ont osé dire non ! Ceux qui ne voulaient plus vivre sous le joug de l'esclavage. Nous leur dirons que nous étions forts et décidés ! Et fiers d'être là ! À ce moment du monde ! Et si la fin devait se profiler plus rapidement que je ne le pense, alors je tiens à vous dire à tous que je suis fier d'avoir combattu à vos côtés. Même si nous tombons demain, notre cause ne sera jamais perdue. Même si nous ne vainquons pas, continua-t-il d'une voix lasse, nous serons morts de nous être battus pour nos vies. Il n'y a pas plus belle mort.

Un silence grave ponctua ses paroles. Abigail essuya furtivement une larme. Quand elle se tourna pour voir si Betty l'avait surprise ainsi, elle fut étonnée de voir le visage de sa cousine baigné de pleurs. Betty ne supportait pas de pleurer en public, mais l'émotion avait été trop forte. Elle fixait Ezra d'un regard empreint de respect et de reconnaissance qu'Abigail ne lui avait encore jamais vu. Sally se racla la gorge, faisant mine de tousser pour cacher ses émotions qui lui faisaient aussi venir les larmes aux yeux.

Ezra reprit son souffle, comme sorti d'une profonde transe. Il promena son regard sur tous les habitants de la clairière et hocha doucement la tête avant d'esquisser un sourire terriblement triste.

— Nous ne sommes pas seuls, conclut-il.

Il tourna les talons et s'éloigna sous l'approbation générale de tous les habitants.

— Ce jeune homme est incroyable ! chuchota Sally à l'oreille d'Abigail. Garde-le précieusement.

Abigail afficha un sourire d'orgueil puis elle suivit Ezra qui retournait dans la forêt. Betty essuya rageusement ses larmes, ce qui dissuada quiconque de lui faire une remarque sur ses pleurs. Farouchement, elle releva la tête, redressa les épaules et enjoignit les malades d'une voix autoritaire à retourner dans leurs lits. Tout le monde lui obéit et, accompagnée de Sally, elle s'affaira à ce que personne ne manque de rien.

— Tu es fabuleux ! souffla Abigail à l'oreille d'Ezra. Et fascinant.

— Fatigué, surtout, répondit Ezra avec lassitude.

— Ils croient en toi.

— Je sais. C'est bien ce qui me fait peur. Peut-être que je les envoie à la mort avec mes belles paroles.

— Ce ne sont pas des enfants, Ezra. Ils savent ce qu'est une guerre. Ils savent ce que cela implique.

— Mais que diront-ils si leurs enfants, leur femme ou leur mari tombent devant eux ? Qui crois-tu qu'ils blâmeront ?

— C'est aussi ce que doit endurer un chef !

— Je ne crois pas que je veuille ce fardeau.

— Je serai avec toi, quoi qu'il arrive. Je ne te laisserai pas seul. Et je crois autant en eux qu'en toi. Je sais que nous ne sortirons pas indemnes de ce combat mais, comme tu l'as dit, nous nous battons pour nos vies ! Alors je n'ai pas peur.

Elle prit le jeune homme dans ses bras et le serra fort contre elle. Quand Ezra lui rendit son étreinte, Abigail comprit qu'elle avait réussi à l'apaiser.

10

Après sa discussion avec Abigail au sujet d'Ed, Betty n'avait pas dormi de la nuit. Au matin, sa décision était prise. Elle sortit de l'arbre creux, jeta un coup d'œil aux alentours et, quand elle fut sûre que personne ne regardait dans sa direction, elle se rendit invisible et contourna l'arbre. Là, elle se dirigea d'un pas décidé vers le village. Elle ne craignait rien puisque personne ne pouvait la voir, mais l'angoisse lui serrait le cœur. Même si elle était certaine qu'Ed n'était pas un traître, elle appréhendait malgré tout ce qu'elle allait découvrir là-bas.

La dernière fois qu'elle avait vu Ed, ils étaient tous dans la grotte d'Ezra et il leur avait parlé de Patton. Cette rencontre remontait à plus de deux semaines et elle s'en voulait de ne pas avoir fait quelque chose avant. Peut-être était-il arrivé malheur à Ed ? Elle essaya tant bien que mal de sortir ces noires pensées de sa tête. Elle accéléra le pas le long du chemin à travers les champs et s'engagea dans le village sans prêter attention aux inquisiteurs qui circulaient à quelques pieds d'elle. Elle prit cependant garde de ne heurter personne. Si elle percutait un inquisiteur, celui-ci aurait tôt fait de découvrir qu'une sorcière invisible circulait dans le village. Elle longea les murs et sillonna toutes les rues en tendant l'oreille à chaque discussion. Pas une fois elle n'entendit prononcer le nom d'Ed. Betty commença à être véritablement effrayée. Il ne lui restait plus que la place du village et elle n'avait guère envie de s'y aventurer, parce que tous les inquisiteurs étaient massés là. Mais elle voulait savoir ce qui était arrivé à son ami. Elle sortit de l'ombre et commença à slalomer entre les hommes qui déambulaient ici et là, l'air perdu et ennuyé. Au centre de la place brillait une étrange boule luminescente. Curieuse, Betty s'en approcha. Les parois tourbillonnaient si vite qu'elle ne pouvait pas voir à travers de loin. Quand elle fut assez proche, elle retint un cri. À l'intérieur, assis par terre, la tête entre les bras, se tenait Ed. Elle regarda autour d'elle et s'avança encore plus. Ed ne relevait pas la tête.

— Ed, chuchota-t-elle.

Le jeune homme ne réagit pas. Elle répéta son prénom, mais il ne semblait pas l'entendre. Betty tendit la main et effleura la boule d'air. Aussitôt, une terrible décharge la traversa, ce qui lui fit échapper un cri de douleur. Ed se redressa brusquement, juste à temps pour voir Betty apparaître et disparaître. La douleur avait fait perdre à la jeune fille sa concentration. Paniquée, elle regarda autour. Tous les inquisiteurs avaient les yeux braqués sur elle, mais ils ne donnaient pas l'impression de la voir. Elle attendit un moment, immobile, et soupira de soulagement quand chacun retourna vaquer à ses occupations. Ed s'était rapproché de la paroi derrière laquelle Betty se tenait.

— Qu'est-ce que tu fais là ? souffla-t-il en essayant de bouger les lèvres le moins possible.

— Et toi alors ? répliqua-t-elle tout bas. Je m'in… je veux dire, tout le monde s'inquiète pour toi à la clairière.

— Je vais m'en sortir !

— Et comment ? Ça me paraît infranchissable ! Et d'abord, que s'est-il passé pour que tu te retrouves là ?

— J'ai posé trop de questions. Je me suis fait repérer.

— Je vais te sortir de cette bulle.

— Comment veux-tu faire ça ?

— Je ne peux pas te laisser là ! Il y a forcément une solution.

— Tu n'as pas le choix. Retourne à la clairière. Je vous rejoindrai si je peux ! Sinon… continuez sans moi.

— Non, non ! Je ne suis pas d'accord. Je viens de manquer de mourir pour toi, alors je ne vais pas repartir les bras croisés et te laisser dans ce pétrin ! Il ne reste qu'à trouver le moyen de te libérer.

Betty commença à faire les cent pas autour de la prison d'air pour l'examiner attentivement. Cette bulle d'air était beaucoup plus élaborée que celle qu'Abigail était capable de créer. Les bulles de sa cousine pouvaient se traverser assez facilement et, surtout, elles n'envoyaient aucune décharge lorsqu'on les touchait. Betty en avait encore le bras tremblant et douloureux.

— Betty ! Betty ! insista Ed qui ne savait plus de quel côté son amie se trouvait.

La jeune fille s'empressa de retourner devant Ed. Elle se pencha vers lui en prenant garde de ne pas toucher les parois de la boule transparente.

— Je suis là, murmura-t-elle.

— Il y a peut-être une solution, dit Ed.

— Laquelle ?

— J'ai découvert que lorsque Tituba est en colère, sa concentration se relâche un peu. Une faille s'est formée à cet endroit-là, ajouta-t-il en désignant une légère fissure dans la prison d'air. Elle est encore trop étroite évidemment pour que je puisse y passer. Mais quand Tituba est furieuse, je peux toucher les parois sans me faire mal. Si quelqu'un peut provoquer un événement qui la mette dans une fureur noire, je pense pouvoir agrandir l'ouverture pour me faufiler à l'extérieur. Tu veux m'aider ? Alors, tes amis et toi, faites en sorte de faire fâcher Tituba. Cela fera agrandir la brèche et, ainsi, je pourrai sortir de ma prison ! Tu peux m'aider ?

— Bien sûr !

— Va prévenir Ezra ! Et dis-lui qu'il faut faire vite. Aujourd'hui serait le mieux. Je sens que la fin est proche.

Betty fila aussi rapidement qu'elle le pouvait après avoir promis à Ed qu'elle reviendrait bientôt. Elle déboucha dans la clairière au milieu des activités matinales comme une furie, le visage rougi, les cheveux en bataille et l'air hagard. Tout le monde la regarda avec suspicion. Betty chercha des yeux Abigail et Ezra. Dès qu'elle les repéra, elle se précipita vers eux. Dans son impatience, elle oublia de freiner et percuta de plein fouet Ezra qui tomba par terre, entraînant Abigail dans sa chute. Betty ne prit même pas la peine de s'excuser. Tout essoufflée, elle commença à raconter ce qu'elle avait découvert.

— Ed est retenu prisonnier dans une bulle d'air sur la place du village. C'est Tituba qui l'a mis là ! Il s'est fait repérer !

Ezra jura.

— Qu'est-ce qu'on peut faire ? demanda Abigail. Je ne comprends déjà pas pourquoi elle ne l'a pas encore tué, mais on ne peut plus attendre !

— C'est ce qu'Ed a dit ! renchérit Betty.

Elle leur expliqua le plan d'Ed. Ezra restait silencieux, réfléchissant à toute vitesse.

— Il faut le sortir de là, dit-il finalement.

— Oh, tu crois ? répliqua Betty, sarcastique.

Ezra lança à la jeune fille un regard si noir qu'elle baissa les yeux.

— Désolée, marmonna-t-elle. Je m'inquiète, c'est tout.

— Nous aussi, tu sais. Je dois réfléchir.

— Mais nous n'avons pas le temps ! objecta Betty. Il a dit qu'il fallait intervenir aujourd'hui !

— Je sais. Mais je ne veux pas tenter quelque chose d'inconsidéré. Dans ce cas, chaque fois, les choses tournent mal. Ne t'inquiète pas ! On agira aujourd'hui, mais je dois prendre le temps de préparer notre intervention.

Betty soupira mais n'insista pas. S'il n'en avait tenu qu'à elle, elle serait déjà en train de faire un pied de nez à Tituba et de courir dans tous les sens pour ne pas se faire attraper. Mais peut-être qu'Ezra avait raison. Il fallait prendre le temps.

— Je ne vous comprends pas ! s'écria Patton à Tituba. Pourquoi gardez-vous ce gamin enfermé à la vue de tout le monde ? Ce serait tellement plus simple de l'éliminer tout de suite ! Ou de le mettre en prison au moins !

— Vous êtes stupide, Patton, gronda la Barbadienne. Je ne veux pas que Sam sache que son père est prisonnier chez nous. Qui sait ce que cela pourrait déclencher chez notre intrépide traître ? Quant à l'exposer sur la place publique, c'est pour rappeler à tous nos hommes ce qu'ils encourent s'il leur venait à l'idée de nous trahir ! Sam est un exemple, Patton. Vous comprenez ?

L'inquisiteur grommela quelques mots indistincts et reprit son va-et-vient dans son bureau. Tituba s'était installée dans son fauteuil. Alors, comme un vulgaire sous-fifre, Patton avait été obligé de rester debout devant elle. Une honte cuisante lustrait son visage déjà rubicond et ses yeux lançaient des éclairs qu'il se gardait bien de diriger sur l'imposante sorcière. Patton avait reçu de nombreuses plaintes de ses hommes qui lui demandaient de faire quelque chose pour Sam. Ils voulaient non pas le délivrer, mais déplacer sa bulle d'air ailleurs. Personne n'était heureux de voir l'un des leurs emprisonné. Patton avait fait suivre la plainte à Tituba qui avait refusé d'accéder à la requête. Maintenir cette bulle lui demandait suffisamment d'énergie, elle ne voulait pas s'amuser à la balader à droite et à gauche pour le bon plaisir de quelques soûlons qui n'arrivaient pas à cuver leur bière tranquilles.

— Que comptez-vous faire de Redd père ? demanda la sorcière.

— Je ne sais pas encore. Pour l'instant, ce bougre ne nous dérange pas le moins du monde. Ses cris ne s'entendent pas en dehors des cachots et il semblerait qu'il n'ait prévenu personne à Boston de sa présence à Salem. Jusqu'à maintenant, nous sommes tranquilles. Dorson a appris par des rumeurs que Redd était ici. Je lui ai répondu en lui parlant de la trahison de la famille Redd. Je n'ai pas encore reçu sa réponse, mais je connais la corde sensible de Dorson. Et la traîtrise est une des choses qu'il ne pardonne pas. Alors pour l'instant, Nathan Redd est le dernier de mes soucis.

— Faites en sorte qu'il le reste ! Je ne veux pas que quiconque apprenne qu'il est retenu dans mes cachots !

Patton serra les poings. La Barbadienne avait pris la désagréable habitude de s'approprier tout ce qui lui appartenait. Elle lui avait volé son pouvoir et son importance, faisant de lui son assistant. Ses hommes venaient encore lui parler, mais ils ne le craignaient plus. La sorcière avait même anéanti la terreur qu'il inspirait avant. Il suffisait qu'elle apparaisse pour que le silence se fasse dans les rangs, que tous les regards convergent vers elle et que les inquisiteurs se retrouvent comme des enfants devant une enseignante particulièrement sévère. Patton rageait de ce renversement de situation.

— Je veux que Sam ignore jusqu'à la fin de la guerre que son père est emprisonné ici, déclara la sorcière avec un sourire cruel.

— Je crois que j'ai compris, Tituba, lâcha Patton, agacé.

La Barbadienne lança un regard noir à son interlocuteur et s'installa plus confortablement dans le fauteuil.

— Je sais que vous ne m'aimez pas, Patton, et, pour tout vous dire, ça m'importe peu. Je suis ici pour accomplir une mission et je réussirai avec ou sans votre aide. Ne croyez pas que je vais quémander votre approbation car, manifestement, je ne l'aurai jamais. Et j'en suis fort aise. Votre avis ne m'intéresse pas. Votre façon de faire ou de penser ne m'intéresse pas. Vos tourments, vos frustrations ou vos interrogations ne m'intéressent pas. En fait, je suis indifférente à tout ce que vous êtes. Si je l'avais voulu, il y a fort longtemps que j'aurais pris le contrôle de votre meute de chiens, Patton. Mais cela m'ennuie profondément. Je préfère vous laisser la lie, vous vous débrouillez très bien avec cela. Mais ne vous mettez jamais en travers de mon chemin, ajouta-t-elle, menaçante, car vous ignorez à qui vous avez affaire. Surveillez toujours vos arrières, Patton. Je ne suis jamais loin et, croyez-moi, je ne vous quitte pas des yeux. Pas une seconde. Alors méfiez-vous.

Patton frissonna, mais il soutint le regard de la sorcière sans ciller.

— Vous ne m'importez pas plus, Tituba. À vrai dire, à mes yeux, vous ne valez pas mieux que Sam Redd car vous avez vous aussi trahi votre communauté sans l'ombre d'un remords. Je n'ai pas peur de vous et je n'ai cure de vos menaces. Faites un pas de travers et nous serons une cinquantaine d'hommes à vous tomber dessus au moment où vous vous y attendrez le moins ! Tout tyran est un jour renversé. N'oubliez pas cela, Tituba. Vous n'avez que des ennemis, que ce soit chez les inquisiteurs ou chez les sorcières. Je ne donne pas cher de votre peau à l'issue de l'affrontement. Si nous vainquons, croyez bien que je parcourrai la terre entière pour vous retrouver. Et si ce n'est pas moi, les sorcières se chargeront de se venger. Que ferez-vous alors devant une horde de femmes en colère à qui vous avez enlevé enfants, maris et amies ?

— Parce que vous croyez que vous serez épargné ?

— Je n'ai pas changé de camp, moi.

— Me voilà satisfaite, Patton. Je vois que vous et moi évoluons sur la même longueur d'onde et c'est un plaisir de le découvrir. À la fin des combats, ce sera vous ou moi, mon cher. Et je connais déjà l'issue, ajouta-t-elle en souriant de toutes ses larges dents.

Patton serra les poings, furieux devant le sourire sardonique qu'affichait la sorcière.

— Trêve de plaisanteries, Patton, dit Tituba. Nous devons réfléchir à ce qui va se passer. Oublions nos vieilles querelles un instant. Pour le moment, nous nous battons pour la même cause et l'important est de sortir victorieux. Vous n'êtes pas d'accord ?

— Très bien, acquiesça Patton du bout des lèvres. Il faut commencer à préparer les hommes. Nous ne pouvons plus tarder et, surtout, nous ne devons pas laisser aux gens de la clairière la chance de frapper en premier. Nous n'avons pas la supériorité numérique puisque vous avez refusé les renforts, alors nous devons miser sur la surprise. Maintenant que notre traître est entre les barreaux, si je puis dire, j'ose croire que personne ne se mettra en travers de notre chemin. Mais qui sait ? Peut-être y a-t-il d'autres espions dans nos rangs ?

— Je ne le crois pas. J'ai sondé tous les inquisiteurs. Ils vous suivent tous aveuglément, bien que je ne comprenne pas pourquoi. Ils vous sont tous dévoués. Nous n'avons donc rien à craindre de ce côté-là. Ce qui m'inquiète, c'est que nous ignorons complètement ce que Sam a déjà pu raconter aux sorcières.

— Pourquoi ne pas le lui demander ?

— Je l'ai déjà fait, répondit Tituba avec mépris. Qu'est-ce que vous croyez ? Il n'a pas voulu me répondre.

— Je suis étonné que vous ne l'ayez pas torturé.

— Croyez ce que vous voulez, Patton, mais je n'agis pas toujours comme un monstre.

— Ah non ?

— Ça suffit ! tonna Tituba. Vous vous comportez comme un enfant ! Nous avons des choses importantes à régler, comme savoir quand nous allons attaquer. Selon moi, le plus tôt sera le mieux.

Elle se leva brusquement du fauteuil, contourna le bureau et se dirigea vers la porte qu'elle ouvrit en grand avant de descendre les quelques marches à l'extérieur. Patton, surpris, attendit son retour. Après quelques minutes, ne la voyant pas revenir, il soupira et sortit à sa suite, furieux de devoir la suivre. Il la trouva en train de tourner autour de la prison d'air qui réfléchissait les rayons du soleil, ce qui projetait une lumière éblouissante alentour.

Patton rejoignit Tituba. Celle-ci, affichant un sourire carnassier, regardait Ed qui se tenait prostré.

— Qu'est-ce que je vais bien pouvoir faire de toi ? murmura-t-elle.

L'air farouche, le jeune homme ne regardait pas la sorcière.

— Oh, je sais très exactement ce que je vais faire, reprit la Barbadienne. Tu ne nous sers plus à rien, alors pourquoi te garderions-nous ? C'est vrai que tu ne nous coûtes plus rien en nourriture et en bière. Mais, vois-tu, tu gênes nos honnêtes inquisiteurs, alors…

Ed se retourna brusquement et fusilla Tituba du regard.

— Faites ce que vous voulez. Vous ne me faites pas peur. Je mourrai pour une cause juste. Ce n'est pas moi le traître, c'est vous !

— Voyez comme ce jeune est fier, Patton. Il aurait fait un sacré inquisiteur, vous pouvez me croire. Malheureusement, la jeunesse d'aujourd'hui a des idéaux puérils. Elle ne comprend pas que… l'épuration est souvent nécessaire au bon fonctionnement d'une société.

— Ne me faites pas croire que vous agissez pour le bien des autres, Tituba, cracha Ed, hors de lui. Vous êtes d'un égoïsme sans bornes. Il n'y a que votre intérêt qui compte.

— Je n'ai jamais dit le contraire, répondit la Barbadienne, moqueuse. Mais personne n'est obligé de le savoir, n'est-ce pas ?

Ed tourna la tête pour ne plus voir Tituba. Des tremblements de rage secouaient ses épaules. S'il n'avait pas connu les dommages que pouvait lui causer sa prison, il se serait jeté contre les parois pour tenter d'atteindre la sorcière.

— Très bien, dit finalement Tituba d'un ton glacial. Nous t'éliminerons juste avant la bataille. Comme ça, je suis sûre que pendant les combats tu ne trouveras pas un moyen de t'échapper. Et je ne veux pas me préoccuper de toi pendant que je me battrai. J'aurai besoin de toute ma concentration. Profite donc du temps qu'il te reste pour réfléchir à tout ça, mon garçon.

— J'espère que vous périrez sur le champ de bataille, Tituba. Vous brûlerez ensuite en enfer.

— J'ai hâte que les flammes me chatouillent, ricana la Barbadienne.

Patton avait assisté à l'échange. Il était impressionné par le courage d'Ed. Peu de gens avait osé tenir tête à la sorcière, même proches de la mort. Mais le jeune homme n'avait pas hésité. Tituba avait raison. Il aurait pu faire un très bon inquisiteur. Quel gâchis !

Tituba se tourna vers Patton.

— Nous ne pouvons plus attendre, déclara-t-elle sur un ton décidé.

Patton afficha un air interrogatif qui énerva la sorcière. Elle soupira bruyamment et leva les yeux au ciel, exaspérée.

— J'ai souvent l'impression que vous ne savez pas vraiment ce que vous faites ici, Patton.

— Très spirituel.

— Tu n'as pas cette impression aussi, Sam ?

Le jeune homme ne daigna pas répondre et regarda dans la direction opposée de la sorcière et de l'inquisiteur en chef.

« Quelle maturité, mon jeune ami ! se moqua intérieurement Tituba. Mais cela ne te sauvera pas, malheureusement. J'ai décidé de sceller ton sort et je ne reviens jamais sur mes décisions. Tu n'as pas de chance. »

— Nous attaquerons cette nuit, lâcha la sorcière avant de s'éloigner.

11

Le jour commençait à décliner. Abigail et Betty n'avaient pas revu Ezra depuis qu'il avait appris qu'Ed était retenu prisonnier. Il s'était aussitôt éclipsé pour réfléchir à un moyen de faire diversion afin de libérer le jeune homme sans causer de lourdes pertes aux habitants de la clairière. Betty s'impatientait. Toute la journée, elle avait gêné sa cousine en ne tenant pas en place et en lui demandant sans arrêt si elle avait vu Ezra. Lassée, Abigail l'avait envoyée chercher de l'eau pour être tranquille quelques minutes. Betty s'était exécutée en râlant un peu, mais Sally lui avait fait comprendre que chacun devait mettre du sien dans la vie de leur communauté sinon ils n'y arriveraient pas. Betty était partie, se souvenant au dernier moment de se rendre invisible. Comme elle ne savait pas voler, la jeune fille mettrait un petit moment à revenir chargée de lourds seaux d'eau. Abigail souffla enfin, maudissant Ezra de ne pas s'être encore manifesté.

Quand Abigail vit Betty revenir avec plus d'eau sur ses vêtements que dans les récipients, elle se précipita vers Sally et se cacha derrière elle. Mais sa cousine l'avait aperçue.

— Ezra n'est toujours pas là ? demanda Betty aussitôt les seaux déposés.

— Non, Betty ! Tu n'es partie que dix minutes !

— C'était largement suffisant pour qu'il revienne ! Mais qu'est-ce qu'il fait ? La nuit va tomber et Ed a dit qu'il fallait absolument agir aujourd'hui !

— Connaissant Ezra, il est sûrement en train de se faire bronzer par les derniers rayons de soleil quelque part près de sa grotte, ironisa Abigail.

Betty lança un regard sombre à sa cousine.

— Ça va, excuse-moi ! consentit à dire Abigail. Mais je ne comprends pas ta façon de réagir. Je sais que le temps presse et, crois-moi, Ezra le sait aussi. Il va revenir avec une idée infaillible pour libérer Ed, tu verras. Il faut juste patienter.

— Tu en as de bonnes idées, toi ! On voit bien que ce n'est pas celui que tu... je veux dire, je m'inquiète un peu pour Ed quand même !

Abigail sourit devant les joues rouges de Betty. Celle-ci essayait tant bien que mal de garder contenance. Elle défroissa violemment ses vêtements qui laissèrent échapper des dizaines de gouttelettes fraîches.

— Regarde qui arrive, Betty, intervint Sally en désignant l'entrée de la clairière.

La jeune fille se retourna brusquement puis elle courut à la rencontre d'Ezra. Celui-ci semblait s'y attendre car il rassura Betty dès qu'elle arriva à sa hauteur :

— Tout va bien, j'ai une idée.

— Qu'est-ce que c'est ? Quand est-ce qu'on commence ?

— Patience, Betty ! Je veux d'abord réunir ceux qui devront s'impliquer. Laisse-moi quelques minutes !

— Encore ! soupira-t-elle.

Ezra alla chercher les personnes concernées. Il revint accompagné de Sally, Dudley et John Bradstreet, Hezekiah Usher, John Willard et Edward Bishop.

— J'en déduis que les sorciers sont de sortie ! blagua Abigail.

— Je leur ai appris quelque chose qui pourrait nous servir. Malheureusement, aucune d'entre vous ne connaît ce sortilège et nous n'avons pas le temps de vous l'apprendre.

— En quoi consiste-t-il ? demanda Sally, curieuse.

— Je préfère garder la surprise ! répondit Ezra en souriant. L'effet devrait être grandiose !

— Il ne s'agit pas d'un spectacle ! s'insurgea Betty. Nous devons aller sauver Ed.

— En fait, nous devons créer une diversion pour que toi, Abigail et Sally puissiez aller secourir Ed. Et c'est exactement ce que nous allons faire !

— Quand partons-nous ? demanda Abigail.

— Dès que la nuit sera tombée. Il nous faudra un maximum d'obscurité pour profiter de l'effet de surprise.

Betty afficha une moue sceptique mais ne dit rien. Elle alla s'asseoir dans un coin, croisa les jambes et attendit. Ezra et Abigail la regardèrent en souriant.

Abigail interrogea Ezra :

— Tu crois que ça va marcher ?

— J'en suis sûr ! Tituba sera folle de rage et je crois que nous allons rire un peu. C'est dommage que tout le monde ne puisse pas voir ce que nous allons faire.

— Tu ne veux pas me révéler ce dont il s'agit ?

— Non. C'est une surprise !

— Mais moi, c'est différent !

Ezra embrassa Abigail pour la faire taire puis s'éloigna, accompagné des sorciers avec lesquels il se mit à discuter. Abigail rejoignit sa cousine qui resta muette. La jeune fille s'assit aux côtés de Betty et toutes deux attendirent.

La lune était haute dans le ciel quand Ezra donna le signal. Betty était rongée par l'angoisse et avait réussi à transmettre son sentiment à Abigail. Quand les deux filles virent approcher Ezra tout sourire, elles se détendirent un peu.

— C'est l'heure, énonça-t-il simplement.

Betty et Abigail bondirent sur leurs pieds et emboîtèrent le pas aux sorciers. Sally les rejoignit juste avant de sortir de la clairière.

— Que ceux qui peuvent voler partent dès maintenant, déclara Ezra. Betty va rendre invisibles les autres.

La fille Parris s'activa aussitôt auprès des cinq sorciers.

— Nous nous rejoindrons à l'entrée du village, indiqua Ezra en s'envolant pour rejoindre Abigail et Sally.

Betty pressa ses amis :

— Vite ! Il n'y a plus de temps à perdre !

— Regardez ça ! se moqua Dudley. Notre Betty est amoureuse ou je ne m'y connais pas !

La jeune fille lança un regard noir au sorcier et le menaça de le faire apparaître devant les inquisiteurs. Dudley perdit son sourire goguenard et Betty intima à tous le silence jusqu'à ce qu'ils soient sortis de la forêt. Elle les fit marcher au pas de course ; son groupe et elle rejoignirent rapidement les autres.

— Très bien, commença Ezra. Voilà comment ça va se passer. Abigail, Sally et Betty, vous vous occupez d'Ed. Nous, on fait le reste ! Restez derrière nous pour le moment. Dès qu'on aura commencé, dépêchez-vous, vous n'aurez pas beaucoup de temps !

Les trois femmes acquiescèrent, solennelles.

— Vous êtes prêts ? demanda Ezra aux hommes.

Tous hochèrent la tête.

— Alors, c'est parti !

Les six hommes se placèrent côte à côte et avancèrent dans un bel ensemble tandis qu'Abigail, Betty et Sally obéissaient à Ezra et restaient derrière. Les sorciers joignirent leurs coudes, et, aussitôt, un fulgurant éclair de feu jaillit de leurs mains levées. Une détonation assourdissante retentit et ils se mirent à courir en direction de la place du village. Les femmes les suivirent. Là, l'éclair devint une boule qui se transforma rapidement en un immense ours flamboyant qui prit vie et se mit à marcher et à gronder. La panique s'empara des inquisiteurs qui virent arriver la créature. Ceux qui dormaient furent réveillés par le piétinement des hommes qui s'enfuyaient. L'ours de feu des sorciers pourchassa les hommes en noir en poussant des râles de colère qui les firent trembler. Abigail, Betty et Sally s'étaient figées devant l'impressionnant sort des sorciers. Ébahies, elles en oublièrent presque leur mission. Les six hommes continuaient d'avancer, concentrés sur leur ours qui terrorisait tout le monde sur son passage. Les inquisiteurs couraient dans tous les sens en hurlant des imprécations, mais personne ne savait quoi faire. Attirés par le raffut, Tituba et Patton surgirent au coin d'une rue.

— Maintenant ! murmura Ezra.

L'ours, obéissant à ses maîtres, se rua sur la sorcière, monstre géant aux yeux rouges sortis des enfers. Il se dressa sur ses pattes arrière, provoquant de nouveau l'émoi dans les rangs ennemis. Les inquisiteurs, apeurés, essayaient de fuir mais se rentraient dedans et tombaient les uns sur les autres. L'ours mit en pièces le bûcher qui trônait encore sur la place, il piétina les feux qui parsemaient le sol et éparpilla les armes des hommes en noir. Des gouttes de sueur perlaient sur le front des sorciers concentrés et Tituba tremblait de colère. Des éclairs pointaient du bout de ses doigts et elle fixait Ezra avec fureur. Celui-ci ne s'en préoccupait pas. Il observait du coin de l'œil les trois femmes qui s'étaient faufilées jusqu'à la prison d'Ed.

— Vous êtes venues ! s'exclama le jeune homme, soulagé. Je n'y croyais plus !

— Allons, allons, mon jeune ami ! dit Sally. Nous ne sommes pas du genre à laisser tomber nos acolytes !

— Vite ! La fissure s'agrandit ! s'écria Betty.

Ed et Betty se précipitèrent sur la brèche et commencèrent à tirer chacun de leur côté ; Abigail et Sally vinrent leur prêter main-forte. Soufflant et ahanant, ils réussirent à ouvrir un passage assez large pour qu'Ed puisse s'y faufiler. Le jeune homme sauta à l'extérieur et aspira une grande bouffée d'air frais.

— Betty et Abigail, emmenez Ed ! commanda Sally. Je m'occupe des autres !

Les deux jeunes filles ne se firent pas prier. Abigail empoigna Betty et Ed chacun par un bras et s'envola aussitôt. Derrière, ils entendirent le cri de rage que poussa Tituba. Betty risqua un œil au sol et fut soulagée de voir les sorciers et Sally se replier rapidement. La place n'était plus qu'un immense brasier et elle aperçut de loin des inquisiteurs qui semblaient quitter le village en courant comme des dératés. Elle sourit et croisa le regard d'Ed, qui lui fit un clin d'œil.

À la clairière, tous furent acclamés en héros. Les sorciers vantèrent leurs exploits avec assurance et sans la moindre modestie. Ezra souriait, heureux qu'Ed soit là et soulagé de voir que son ami ne l'avait pas trahi.

— Ezra, il faut que je te parle, c'est urgent ! réclama Ed.

Pressentant une mauvaise nouvelle, Ezra emmena son compagnon à l'écart.

— Que se passe-t-il ? demanda-t-il, inquiet.

— J'ai entendu Tituba et Patton discuter. Ils vont attaquer en mettant le feu à la clairière pour vous coincer dans la forêt. Après, ce sera facile pour eux de tuer les fugitifs.

Ezra commença à paniquer.

— Quand passeront-ils à l'action ?

— Cette nuit.

Ezra en eut le souffle coupé, comme si un énorme poing venait de le frapper dans le ventre. Il sentit couler le long de son échine une désagréable petite sueur froide. Il regarda autour de lui. Dans la clairière, les gens étaient en liesse, heureux de la réussite de la mission même si la plupart ne connaissaient pas Ed.

— Cette nuit ? murmura Ezra. Mais nous ne sommes pas prêts.

— Je pense qu'ils attendront au petit matin, pour être sûrs de vous surprendre dans votre sommeil. Mais avec ce qui vient de se passer, nous ne pouvons pas en avoir la certitude. Peut-être ont-ils décidé d'avancer l'attaque. Tituba doit être furieuse et se douter que je vous raconterai tout. Elle a fait l'erreur de révéler son plan à Patton à côté de ma prison. Tituba et les inquisiteurs n'ont pas encore perdu tout leur effet de surprise mais, connaissant la sorcière, elle risque de mettre les troupes en branle bien avant l'heure prévue. Nous avons quand même un peu de temps.

— Mais trop peu ! s'exclama Ezra.

— Il faut que tout le monde s'y mette ! Nous pouvons y arriver.

Gagné par l'enthousiasme et la confiance de son ami, Ezra hocha la tête.

— Écoutez-moi ! hurla-t-il en direction de la foule qui se figea. Ed, que nous venons de sortir des griffes des inquisiteurs, vient de me donner des informations précieuses.

Les habitants écoutèrent attentivement.

— Je vais vous demander de ne pas paniquer. Nous devons à tout prix garder la tête froide si nous voulons être efficaces et vaincre.

Il laissa passer quelques secondes de silence pour s'assurer que tout le monde était suspendu à ses lèvres.

— Les inquisiteurs ont décidé de nous attaquer cette nuit.

Des hurlements de peur retentirent aussitôt. Les villageois commencèrent à s'éparpiller.

— SILENCE ! tonna Ezra. Ce n'est pas le moment. Nous devons agir et nous devons le faire vite ! Ed m'a confié la façon dont ils comptent s'en prendre à nous. Cela nous donne un avantage important sur eux.

— Est-ce qu'on peut lui faire confiance ? cria un homme. On ne sait même pas qui il est !

— Je lui fais confiance, dit Ezra d'une voix menaçante. C'est un vieil ami. Et cela devrait vous suffire ! Il a risqué sa vie pour vous tous alors qu'il ne vous connaît pas. Je vous interdis de douter de lui.

Changeant de ton, Ezra reprit :

— Il faut agir vite. Je veux que tout le monde s'occupe de récupérer dans la clairière ce qui peut être sauvé. Ne vous encombrez pas. Je veux qu'une sorcière ou un sorcier capable de devenir invisible ou de voler accompagne un petit groupe de villageois. Transportez le tout jusqu'à ma grotte. Vos affaires seront en sécurité là-bas. Nous ne pouvons pas tout reconstruire avec rien, ajouta-t-il en faisant un clin d'œil qui devait détendre l'atmosphère. Les dirigeantes de l'Alliance de Terwik, Abigail, Betty, Ed, Emma et moi nous occuperons de concevoir un plan d'attaque.

En entendant son nom, Emma rougit de fierté. Elle se mit à trépigner, indifférente à l'angoisse qui étreignait tout le monde.

— Dès que vous aurez terminé de vider la clairière, revenez le plus vite possible ici pour savoir quel sera votre rôle dans la bataille. Ne perdez pas de temps, je vous prie. Nous ne savons pas quand les hommes de Patton nous tomberont dessus, mais je peux vous assurer qu'ils seront en colère.

Aussitôt, la foule s'éparpilla et commença à ramasser tout ce qui traînait.

— Venez ! intima Ezra aux sorcières et à Ed.

Le groupe s'installa près du feu. Ezra dessina un grand rectangle dans la terre meuble. Tous s'assirent, les yeux rivés sur le dessin.

— D'après Ed, les inquisiteurs vont mettre le feu à la clairière. Je pense donc qu'ils arriveront par le chemin du champ et qu'un groupe traversera sûrement la forêt pour nous prendre à revers. Nous avons l'avantage pour l'instant, puisque nous ne serons pas dans la clairière au moment où ils attaqueront. Je pense qu'entre le moment où ils incendieront les abords de la forêt et celui où ils se rendront compte que nous nous sommes volatilisés, il se passera un gros quart d'heure. Peut-être plus. À nous de mettre ce temps à profit.

— Tu as une idée ? demanda Sally.

— J'en ai beaucoup. Je ne sais pas si elles sont toutes bonnes. Nous devons faire en sorte de les prendre par surprise. Ce sera notre seul avantage pendant la bataille.

— Qu'est-ce que tu proposes ? s'enquit Abigail.

Ils passèrent un long moment à discuter de la tactique d'Ezra. Chacun donna son avis pour en améliorer l'efficacité. À côté d'eux, les habitants et les sorciers travaillaient comme des fourmis, multipliant les allers-retours entre la clairière et la grotte. La place se vidait petit à petit, et Ezra surveillait les opérations, l'air anxieux. Malgré la confiance qu'il affichait, il s'attendait à tout moment à ce que les inquisiteurs débarquent en force et écrasent les habitants de la clairière avant même que ces derniers aient pu tenter quoi que ce soit pour se défendre.

Betty tira Ezra de ses pensées :

— Tu penses que c'est une bonne idée que l'on se poste là ? Ça ne nous met pas dans une très bonne position.

— Au contraire. Ils ne nous verront pas. Peut-être pourrons-nous les prendre à revers !

— Mais les archers ?

— Ils seront derrière nous. J'espère qu'ils sont assez bons pour ne pas nous tirer dans le dos !

Abigail s'empressa de rassurer Ezra :

— Je les ai vus s'entraîner et, crois-moi, même les enfants sont devenus excellents ! Je leur fais confiance.

— Nous ne serons pas vraiment en position de force, remarqua Sally. Je ne suis pas sûre qu'une division soit une bonne chose.

— C'est ce que nous devons faire croire aux inquisiteurs, argua Ezra. Ils doivent nous penser faibles. Ils ne doivent pas s'attendre à notre force de frappe. Et la division n'est pas réelle. C'est juste que nous évoluerons sur un grand périmètre.

— Je suis d'accord avec Sally, avança Abigail. Nous devrions rester groupés. Peut-être que cela les impressionnerait.

— Mais nous sommes le même nombre qu'eux! intervint Emma. Ezra a raison. Nous devons paraître faibles. Ils penseront alors que ce sera facile de nous vaincre. C'est là qu'ils commenceront à commettre des erreurs.

Quand Ezra lui donna une petite tape de reconnaissance sur la tête, Emma rougit de plaisir. Non seulement elle avait été conviée à une réunion de cette importance avec des adultes, mais en plus on écoutait son point de vue. Rayonnante, elle offrit son plus beau sourire au jeune homme qui la regardait, amusé.

— Et si ça ne marche pas ? demanda Sally.

— Alors nous nous regrouperons et nous attaquerons tous ensemble! Mais je sens que ça va marcher.

— Je suis d'accord avec Ezra, déclara Ed. Si nous nous lançons à l'attaque à cinquante, le chaos va régner. Les gens vont se rentrer dedans. Dans le plan d'Ezra, chacun a sa place et sa tâche à effectuer. Cela nous assure une bonne chance de réussite! Je ne connais pas beaucoup de choses de la guerre, mais je n'ai jamais vu des archers marcher aux côtés de l'infanterie. Ils sont toujours en retrait pour protéger les arrières des soldats.

Ezra acquiesça d'un signe de tête. Puis, alors qu'il s'apprêtait à parler, Hezekiah s'approcha.

— Ezra, nous avons terminé. Il ne reste plus rien.

Tous jetèrent un coup d'œil aux alentours. La clairière était vide. Ils ressentirent une immense tristesse. Cela faisait des mois qu'ils se terraient ici et, malgré tous les inconvénients de ce lieu, il était devenu un refuge qu'ils avaient aujourd'hui du mal à abandonner.

— C'est du bon travail, Hezekiah, félicita Ezra. Regroupe tout le monde. Nous n'avons pas le temps de nous reposer, il faut filer d'ici au plus vite.

— Où allons-nous ? s'enquit Hezekiah.

— Ailleurs.

Hezekiah ne posa pas plus de questions et s'empressa d'obéir aux ordres d'Ezra. Quelques secondes plus tard, tous les habitants de la clairière se trouvèrent réunis une dernière fois autour du feu. Les enfants serraient contre eux leurs arcs de fortune et portaient dans le dos leur carquois rempli de flèches. Les adultes affichaient un air déterminé, ce qu'apprécia Ezra. Ils avaient tous peur mais personne ne s'enfuirait.

— Quelqu'un veut dire quelque chose ? demanda Ezra à la ronde.

— Moi ! s'exclama Betty.

Tous firent silence pour écouter la jeune fille.

— Nous arrivons à la fin. Mais cela représente le commencement d'une nouvelle ère. Et je suis heureuse de partager ce moment avec vous. Je sais que par le passé vous n'avez pas tous approuvé ma façon d'agir et je tiens à m'excuser auprès de ceux à qui j'ai fait du tort. Et je veux vous assurer que je suis d'accord avec vous. Ezra est un bien meilleur chef que moi !

Des rires éclatèrent dans la foule, détendant légèrement l'atmosphère pesante précédant le combat.

— Ça c'est sûr ! cria une femme. Mais tu nous as quand même fait passer quelques bons moments !

Betty baissa la tête en signe de remerciement.

— Je voudrais parler aussi, annonça Abigail.

Ezra approuva de la tête.

— Je sais que tout a commencé à cause de Betty et de moi. Peut-être que tout cela se serait passé ainsi même sans nous, mais je ne me dédouanerai pas de notre faute. Je sais aussi que, grâce à tout ça, beaucoup de femmes aujourd'hui se sentent plus libres. Et je souhaite qu'elles le deviennent encore plus chaque jour. Et les hommes aussi. Et les enfants, bien sûr. Je crois aussi au pardon. Le père de Betty, Samuel Parris, nous a pardonné ce que nous étions. Est-ce que cela nécessitait sa clémence ? Je ne le crois pas. Mais je sais qu'un jour nous serons toutes et tous vus différemment de ce que les gens pensent de nous. Et nous nous battons dans ce but-là aussi. Tout change. Et ça commence ce soir !

Les habitants applaudirent et Abigail rougit aussitôt.

— Nous sommes prêts ? demanda Ezra.

Comme tout le monde acquiesçait, il prit les devants et s'engagea en dehors de la clairière. Ceux qui pouvaient voler emmenèrent avec eux le plus de personnes possible. Les autres habitants furent rendus invisibles. Et c'est ainsi que les gens quittèrent la clairière de la forêt de Belwack.

12

Dans la pénombre de la nuit, ils attendaient, hantés par une terrible angoisse. Si on regardait de loin, ce n'était qu'une bande de villageois apeurés qui allaient s'engager dans un combat à mort contre des inquisiteurs entraînés et formés pour la guerre. Mais en s'approchant, on pouvait voir briller dans tous les yeux la même détermination d'en découdre une bonne fois pour toutes. Les villageois étaient farouches et résolus. Ils étaient prêts et ils attendaient que l'ennemi arrive. Ils avaient passé plusieurs heures dans le champ, chacun en position, dans le noir, ne prêtant pas attention au froid de la nuit et à l'herbe humide dans laquelle ils étaient allongés. Personne ne parlait. Le silence était total, et même dans la forêt, plus aucun animal ne semblait vivre, comme en attente du déclenchement des hostilités. Ezra ne tenait pas en place, se déplaçant silencieusement dans l'obscurité pour vérifier que tout le monde gardait sa position et avait bien compris la marche à suivre. Abigail essayait tant bien que mal de le calmer, mais le jeune homme était trop fébrile pour l'écouter.

— Ils savent ce qu'ils doivent faire, chuchota la jeune fille. Laisse-les tranquilles ! Ils sont suffisamment inquiets. N'en rajoute pas !

Mais Ezra se précipitait aussitôt vers les archers et relevait les enfants qui tombaient de sommeil. Abigail passait derrière lui et les recouchait, les recouvrant d'une couverture chaude.

— Ils ne tiendront pas le rythme si tu ne les laisses pas se reposer !

— Ils ne peuvent pas dormir. Les inquisiteurs peuvent arriver d'un moment à l'autre.

— Nous aurons le temps de les voir venir et de prévenir les archers. Je n'ai aucune envie de mourir d'une flèche dans le dos parce que les tireurs sont trop épuisés. Détends-toi !

Ezra accepta de ralentir la cadence et il suivit Abigail vers leur position sans tergiverser plus longtemps. Au passage, il s'assura encore quand même que les gens savaient quoi faire. Abigail lui lança un regard si courroucé qu'il continua son chemin sans parler. Ils rejoignirent Betty, Ed, Sally, Lucy, Rosaly et Emma qui les attendaient.

— Tu es encore allé embêter les gens, remarqua Betty d'une voix sarcastique. Ils vont finir par se retourner contre toi. On aura l'air malins !

Ezra grimaça et se laissa tomber par terre, épuisé.

Sally s'adressa au jeune homme :

— Tu dois rester tranquille, maintenant. Si les inquisiteurs arrivent et qu'ils t'aperçoivent, notre stratagème sera découvert et c'en sera fini de l'effet de surprise ! Si nous nous sommes tous placés derrière ces monticules, c'est pour ne pas se faire voir. Je te rappelle que c'était ton idée !

Un hululement résonna dans la nuit, ce qui les fit tous sursauter. Il s'agissait du signal convenu avec les éclaireurs. Ezra bondit sur ses pieds, l'air hagard.

— Les inquisiteurs arrivent, souffla-t-il.

Il regarda autour de lui. Tous les habitants et les sorciers s'étaient figés, terrifiés. Plus loin, Ezra aurait voulu voir si les archers étaient en position, mais l'obscurité était totale et il ne distinguait rien. Il espéra qu'ils attendraient son signal avant de tirer. Abigail et Betty s'allongèrent à plat ventre dans l'herbe fraîche et rampèrent jusqu'en haut du monticule pour voir ce qui se passait. De nombreux villageois les suivirent en silence. Une masse sombre et portant des flambeaux se dispersa à l'orée de la forêt et disparut sous le couvert des arbres. Bientôt, les claquements du feu crépitant emplirent toute la nuit. Abigail serra les poings de colère. Les lâches ! La forêt ne fut plus qu'un immense brasier d'où les inquisiteurs sortirent en courant et en criant victoire.

Betty aperçut Tituba en retrait, une torche à la main, qui contemplait le spectacle des flammes d'un air soucieux. Elle tourna brusquement la tête en direction de Betty, qui s'aplatit rapidement sur le sol, le cœur tambourinant dans sa poitrine. Heureusement qu'il faisait nuit noire. Tituba ne devait pas l'avoir vue. Mais il ne fallait pas traîner plus longtemps. Elle fit signe à Ezra qu'il fallait lancer l'attaque immédiatement pour garder l'avantage. Les inquisiteurs se rendraient vite compte que non seulement aucun cri ne sortait de la clairière, mais qu'en plus elle était vide.

Ezra mit ses mains en porte-voix et se mit à hululer à tue-tête. Aussitôt, il entendit le chuintement des dizaines d'archers qui se levaient dans un tout et positionnaient leurs flèches. Après un autre hululement, une salve fendit les airs, déchirant le ciel nocturne. Les inquisiteurs, tout à leur victoire, n'entendirent rien et furent étonnés de voir leurs frères d'armes tomber en hurlant de douleur. Une nouvelle volée de flèches suivit rapidement la première et fit mouche encore. Les rangs se clairsemaient chez l'ennemi qui ne savait pas comment réagir. La Confrérie entendit Tituba s'écrier :

— Ils ne sont pas dans la clairière, ils se sont cachés là-bas ! tonna-t-elle en montrant les monticules du doigt. Allez, regroupez-vous et chargez !

Abigail ferma les yeux et sentit Ezra lui serrer la main. Quand elle regarda son ami, il lui sourit timidement. Ils y étaient. La grande bataille de leur temps. Les archers continuaient à tirer. Sally leva ses bras et, aussitôt, tous les combattants sentirent l'air leur manquer. Un masque invisible les protégeait maintenant des vapeurs d'opium des soufflets des hommes en noir.

— Je vais intervenir avec les sorciers, souffla Ezra.

— Qu'est-ce que vous allez faire ?

— Nous protéger contre les armes à feu des inquisiteurs.

— Vous pouvez réussir ?

— J'espère que ça marchera.

Ezra fit signe aux hommes qui se regroupèrent près de lui. Les six sorciers s'alignèrent et se levèrent ensemble. Après un signe de tête d'Ezra, ils partirent en courant, passèrent la colline et se précipitèrent sur les inquisiteurs. Une vague argentée recouvrit les sorciers qui se mirent à scintiller. Les hommes de Patton ouvrirent le feu. Des détonations assourdissantes résonnèrent, qui firent frémir les villageois. Puis, abasourdis, ils virent les balles ricocher sur les sorciers. Ceux-ci continuèrent leur course sans se préoccuper des tirs qui les visaient. D'un geste brusque, Ezra tendit les bras devant lui et, aussitôt, toutes les armes à feu des inquisiteurs quittèrent leurs mains et fusèrent vers le jeune sorcier qui les fit exploser une à une. Cela créa un vent de panique dans les rangs ennemis. Armés seulement de leurs soufflets d'opium, certains hésitèrent à avancer. Les sorciers profitèrent de l'incertitude de leurs adversaires pour se jeter dans la mêlée et désarmer les hommes en première ligne. Ce fut le signal qui lança la charge des sorcières et des villageois. Tous se précipitèrent en hurlant sur les inquisiteurs qui virent arriver une marée de combattants en colère. Eux qui pensaient les vaincre facilement se retrouvèrent bien vite au milieu de villageois furieux qui se battaient avec acharnement. Le premier assaut fit des ravages dans les rangs des inquisiteurs.

Folle de rage, Tituba assistait, impuissante, au carnage. Un sifflement strident retentit et elle vit les assaillants s'arrêter et retourner en arrière.

— Ne les laissez pas partir ! hurla-t-elle aux inquisiteurs.

Ezra fermait la retraite. Il fit apparaître derrière lui une épaisse fumée noire qui voila la vue des attaquants. L'armée de Salem se regroupa derrière la colline et se prépara à engager le second assaut.

— Très bien, commença Ezra. Ils savent maintenant de quoi nous sommes capables. Mais ce n'était qu'une escarmouche. Le plus dur est à venir. Ils frapperont juste et fort. Nous ne devons pas nous laisser avoir. Soyons prudents.

Il fit signe aux archers de décocher une nouvelle volée de flèches. D'après les cris qui retentirent du côté de l'ennemi, il parut évident que les archers avaient atteint la cible encore une fois.

— Nous avons un énorme avantage, déclara Abigail. Il y a déjà eu de nombreuses pertes chez nos adversaires et leurs armes ne peuvent rien contre nous. Mais ne nous reposons pas là-dessus. Je suis sûre que Tituba a prévu quelque chose.

Tituba fulminait. L'attaque des sorcières avait été parfaite. Et elle ne s'était pas attendue à devoir répliquer. La bataille était loin d'être gagnée pour elle, d'autant plus que les inquisiteurs couraient partout sans savoir quoi faire, surpris par la résistance qu'ils rencontraient. Patton leur avait dit que ce serait un jeu d'enfant de venir à bout de cette horde de femmes et de villageois. Mais en à peine quelques minutes, ceux-ci avaient déjà causé des dommages irrémédiables dans leurs rangs. Et les inquisiteurs, privés de leurs armes à feu et avec dans les mains des soufflets qui ne causaient aucun tort aux sorcières, se sentaient lésés et en situation d'infériorité.

Tituba rompit les rangs et commença à les réorganiser avec virulence. Partagés entre leur crainte des sorcières et celle de la Barbadienne, les inquisiteurs étaient encore plus décontenancés.

— Bande de lâches ! tonna la sorcière. Ce ne sont que des femmes, des enfants et des paysans ! Reprenez tout de suite ou vous aurez affaire à moi. Et je peux vous assurer que vous me supplierez de retourner dans la bataille !

Les hommes en noir ne se firent pas prier et obéirent aussitôt. Patton surveillait le tout de loin, abasourdi aussi par la violence de l'attaque. Le plan qu'ils avaient concocté, Tituba et lui, paraissait tellement parfait qu'ils n'avaient pas pensé une seconde à une éventuelle opposition. C'est là que résidait leur erreur. Mais Tituba prenait les choses en main et il était heureux de lui laisser cette tâche.

La Barbadienne s'éloigna du champ de bataille et revint avec ses trois esclaves qui la suivaient docilement. Patton en eut des frissons dans le dos. L'inquisiteur en chef n'entendit pas Tituba donner des ordres, mais les trois femmes se mirent aussitôt en marche d'un pas martial, se dirigeant droit sur les sorcières de la Confrérie sans se préoccuper d'être à découvert.

Après qu'Ezra eut transmis ses directives, Betty et Abigail se levèrent les premières. En hurlant de toutes leurs forces, elles se précipitèrent sur les inquisiteurs, accompagnées de tout le village et des sorcières de Terwik. Pour l'occasion, ces dernières étaient vêtues d'habits qui ne les distinguaient pas des habitants de Salem. Les inquisiteurs s'étaient regroupés ; ils ne s'affolèrent donc pas quand les assaillants arrivèrent à leur niveau. Le combat s'engagea dans un corps à corps bruyant et violent. Les premiers coups se mirent à pleuvoir d'un côté et de l'autre. Betty et Abigail usaient de leurs armes et de leurs sortilèges avec une rage animale, touchant l'ennemi chaque fois. Les deux jeunes filles étaient transfigurées et les hommes de Patton avaient bien du mal à leur tenir tête. Betty prenait un malin plaisir à surprendre les inquisiteurs en disparaissant entre leurs mains pour réapparaître plus loin et leur donner le coup fatal. Abigail tourbillonnait, en sueur, domptée par une fureur qui ne lui était pas familière et prête à tous les sacrifices pour sauver son village. Inquiet, Ezra surveillait Abigail du coin de l'œil. Mais quand il manqua de se faire assommer par un inquisiteur, il reporta toute son attention sur le combat.

Sally hurla à Betty, Abigail et Ezra de faire attention. Ceux-ci se retournèrent au même moment, surpris de découvrir en face d'eux les trois femmes qui avaient trahi Salem.

— Encore elles ! grogna Betty.

— Cette fois, on ne se laissera pas faire ! cria Abigail.

Les trois jeunes sorciers se placèrent côte à côte, prêts à en découdre avec les horribles femmes. Lorsque Betty sentit de nouveau cette terrible douleur comme des lames fouaillant ses chairs, elle lutta contre les larmes qui perlaient, contre l'envie de tomber à genoux. Abigail, voyant faiblir sa cousine, la soutint. Ezra se précipita sur Coleen Diver qui avait lancé le sort à la jeune fille. D'un revers de bras, il fit tomber la femme à terre. Elle se releva immédiatement. Ce fut le signal de l'assaut. Les deux autres esclaves de Tituba se précipitèrent sur les jeunes sorciers et le combat s'engagea.

Tituba observait l'affrontement de loin, l'air satisfait. Les trois gamins ne savaient pas à qui ils avaient affaire. Ils ne pourraient jamais vaincre ses créations. Elles étaient parfaites. D'un claquement de doigts, elle appela Patton. Celui-ci arriva aussitôt.

— Ezra est occupé. C'est le moment de séparer votre armée, Patton ! Envoyez-en une partie qui contournera les archers pour prendre ces derniers à revers. Il faut se débarrasser d'eux. Ce sont ceux qui causent le plus de dégâts !

Patton obéit et lança des ordres à ses soldats. Un petit contingent d'une quinzaine d'hommes se sépara du combat et s'engagea dans ce qu'il restait de la forêt calcinée pour accéder au repaire des archers. Tituba, pour semer la confusion et faire diversion, leva les mains vers le ciel et les frappa ensemble bruyamment. Une épaisse fumée noire et tourbillonnante tomba sur le champ de bataille, voilant la vue des combattants. Des cris retentirent.

— Arrêtez ! tonna Patton. Mes inquisiteurs sont là-dedans. Ils vont se faire massacrer !

Tituba ne répondit pas et adressa un sourire si froid à Patton qu'il ne sut plus quoi dire.

Perdus au creux de la fumée, Ezra, Abigail et Betty se regroupèrent en toussant, soucieux de ne pas se faire attaquer par les trois forcenées qui étaient encore tout près.

— Éloignons-nous, souffla Abigail.

— C'est un leurre, répondit Ezra. Tituba a dû envoyer des inquisiteurs pour nous prendre à revers.

— Sally avait deviné juste !

— Espérons qu'elle et les autres réussiront...

Sally Lockace ferma les yeux et appuya sur la virgule argentée dessinée sur sa joue. Aussitôt, ses habits changèrent. Elle se retrouva dans sa longue cape noire dont elle rabattit la capuche. À travers les fumerolles, elle aperçut ses sœurs poser le même geste. Changeant de direction, elles retournèrent toutes en arrière, laissant les villageois, qui se débrouillaient très bien, aux griffes des inquisiteurs qui semblaient perdus dans cette noirceur. Aux abords du champ de bataille et encore protégées par le leurre de Tituba, Sally et les sorcières de Terwik prirent le même chemin que les inquisiteurs. Ceux-ci étaient déjà en train de se battre avec les archers, des enfants et des vieillards pour la plupart, qui défendaient leur vie avec férocité. Les hommes en noir n'avaient pas vu arriver les sorcières et ils continuaient à s'amuser. L'un d'eux, armé de son soufflet, envoyait des bouffées d'opium à un vieil homme. Un petit garçon qu'un inquisiteur avait attrapé par le col se débattait comme un beau diable. L'homme lui asséna un coup si fort sur la tête que l'enfant tomba instantanément. Ce fut le moment que choisit Sally pour lancer ses sorcières à l'attaque. Le combat fut inégal et rapide. En quelques minutes, plus aucun inquisiteur ne se tenait debout. Sally s'approcha d'une femme.

— Nous nous débrouillerons sans vous. Transportez les blessés et soignez-les. Nous empêcherons l'ennemi de vous suivre.

La femme obtempéra immédiatement. Elle regroupa tous les archers qui pouvaient marcher. Puis ils construisirent des civières de fortune en attachant leurs vestes ensemble. Sally, le cœur serré, regarda s'éloigner ce petit groupe mal en point. Elle se tourna vers les sorcières et observa le champ de bataille. La fumée s'était dissipée et les combats avaient repris de plus belle.

— Nous devons faire comme les inquisiteurs, déclara-t-elle. Envolez-vous, mes sœurs, et posez-vous derrière eux. Coinçons-les entre deux tirs !

Abigail, Betty et Ezra s'étaient débarrassés de leurs agresseurs, mais nul doute que les trois femmes referaient surface tôt ou tard. Au milieu de la cohue des combats, Abigail avait complètement perdu la notion du temps. Il lui semblait se battre depuis des jours. La fatigue tirait sur ses muscles et la sueur lui piquait les yeux. Malgré le masque protecteur de Sally, la fumée entrait dans sa gorge et la faisait tousser. À ses côtés, Betty n'en menait pas large non plus, mais elle continuait à tournoyer avec grâce, fendant l'air de son bâton argenté qui faisait des ravages.

Les cris ne parvenaient même plus aux oreilles d'Abigail, mais l'horreur ne quittait pas la jeune fille. Les corps tombaient tout autour. Elle ne distinguait plus les formes, les couleurs. Tout avait pris une étrange teinte grisâtre aux éclairs rouges. De multiples écorchures parsemaient son corps, mais elle ne sentait pas la douleur. L'air hagard, elle avançait entre les corps avec, à sa gauche, sa cousine et, à sa droite, l'homme qu'elle aimait. Les inquisiteurs formaient un mur infranchissable. Dès que l'un d'eux tombait, il semblait être aussitôt remplacé par un autre soldat qui reprenait le combat de plus belle. Les adversaires n'avaient l'air ni fatigués ni essoufflés, sans doute parce qu'ils évoluaient dans leur univers. Sentant la nausée la submerger, Abigail tituba et faillit poser le genou à terre. Ezra rattrapa son amie à temps, lui remit son arme entre les mains et reprit le combat en la surveillant de temps en temps. Quand Betty hurla à côté d'elle, Abigail se réveilla aussitôt.

Un inquisiteur venait de planter profondément dans l'épaule de sa cousine un poignard. Betty, hagarde, s'empressa de reculer. Elle retira le couteau en criant de plus belle et s'écroula. Abigail s'occupa de l'assaillant, debout au-dessus de la jeune fille, prêt à l'achever. De son bâton, elle le mit hors d'état de nuire puis elle réveilla Betty en la secouant brutalement. Elle posa sa main sur la blessure de sa cousine et la referma rapidement pour qu'elle tienne le temps de la bataille. Betty se redressa et reprit le combat. Abigail resta un moment sans bouger, sans se préoccuper de la danse macabre qui avait lieu autour d'elle. Elle regardait avec horreur les corps tomber, le sol piétiné et souillé, la forêt en flammes, l'épais nuage noir qui perdurait dans le ciel obscurci… Un décor d'enfer s'était installé dont elle était la cause. Des larmes coulèrent sur les joues d'Abigail, traçant des sillons sur ses joues sales.

— Abi ! hurla Ezra. Qu'est-ce que tu fais ? Tu vas te faire tuer !

Reprenant ses esprits et mue par une volonté nouvelle, Abigail attrapa solidement son bâton et s'enfonça dans la mêlée en jetant des sorts de tout côté tout en maniant son arme avec dextérité. Des hurlements se firent entendre derrière les rangs des inquisiteurs. Ezra releva la tête et se surprit à espérer. L'Alliance de Terwik avait pris l'ennemi en tenaille. Les inquisiteurs étaient encerclés. Sally et ses sorcières forcèrent les adversaires à avancer pour se jeter sur Abigail, Betty, Ezra et leurs frères d'armes. Sentant la défaite, les inquisiteurs essayèrent de sortir des rangs pour s'enfuir. La débâcle de l'ennemi était proche, mais la victoire n'était pas encore effective pour les gens de la clairière. De nombreux hommes en noir, farouches défenseurs de leur ordre et vaillants combattants, gardaient leur position et provoquaient des ravages dans les rangs des sorciers. Ezra vit Hezekiah Usher tomber sous les coups d'un homme de Patton. Trop éloigné, il ne put rien faire pour l'aider. Sally poussa le plus possible les hommes mais, bientôt, tous s'enfuirent loin du champ de bataille pour se regrouper. Il ne resta sur place que les villageois de Salem, sales, dépenaillés et couverts de sang.

La première bataille venait d'avoir lieu et il était bien difficile de prévoir la suite de l'histoire. Ezra rappela ses sorciers et Sally s'occupa de réunir tout le monde. Le pas traînant, tous s'engagèrent derrière les monticules qui les avaient protégés pour établir un nouveau plan d'attaque.

13

Tituba était hors d'elle. Non seulement ses esclaves n'avaient pas pu venir à bout de Betty, Abigail et Ezra alors qu'elle pensait que ce serait un jeu d'enfant, mais en plus la première bataille s'était conclue à l'avantage certain des sorcières sur les inquisiteurs. Il était temps pour elle de changer de tactique et de revenir à son plan initial. Il ne servait plus à rien d'attendre. Dès que les combats reprendraient, elle accomplirait ce qu'elle était venue faire dans ce village. Ses trois esclaves attendaient sagement à côté d'elle, l'air ailleurs. Tituba les regarda et ne put s'empêcher de ressentir malgré tout une grande fierté pour ses créations. Elle était devenue plus puissante que Man Yaya et ne comptait pas s'arrêter en si bon chemin.

— Coleen, dit Tituba d'une voix qui se voulait douce. Je vais relâcher mon emprise sur vous, juste un peu. À partir de maintenant, vous vous battrez seule contre les sorcières. M'avez-vous comprise ?

Coleen Diver hocha la tête tout en regardant la Barbadienne de ses yeux vitreux.

— Je vais devoir vous laisser, mais j'aurai toujours l'esprit rivé sur vous. Alors ne tentez pas de m'échapper !

Elle attendit d'être sûre que les trois femmes avaient bien compris et s'éloigna, la démarche pesante, en direction des quartiers des inquisiteurs. Les hommes se reposaient et se sustentaient avant de reprendre les armes. L'air dépité, très peu parlaient de ce qui venait de se dérouler. La plupart, honteux de s'être laissés avoir par une bande de femmes et d'enfants, écoutaient d'une oreille inattentive les recommandations de leurs supérieurs. Tituba jeta un regard circulaire sur le camp et trouva Patton en pleine discussion avec ses officiers. La sorcière s'approcha discrètement derrière l'inquisiteur en chef et attendit. Quand Patton mit fin à l'entretien, il se retourna brusquement dans l'intention de se rendre près du feu. Il sursauta violemment en se retrouvant face à Tituba et fit un bond en arrière.

— Nom de Dieu, Tituba ! gronda-t-il en plaquant une main sur sa poitrine. Vous voulez ma mort ?

La sorcière lui adressa un sourire approbateur. Patton fronça les sourcils et secoua la tête, désespéré.

— Que se passe-t-il ? demanda l'inquisiteur de mauvaise grâce.

Après la débâcle de la nuit, il n'avait aucune envie d'entendre les multiples reproches que Tituba ne se gênerait pas de lui adresser.

— Nous devons relancer les combats, lâcha-t-elle.

— Hors de question. Pas avant que le soleil ne soit complètement levé. Les hommes doivent se reposer.

— Je vous donne deux heures, Patton. Pas une minute de plus !

— Mais pour qui vous prenez-vous, Tituba ? cracha l'inquisiteur, à bout de nerfs. JE dirige les soldats, ce sont MES hommes. Vous n'avez pas à me dire ce que je dois faire !

Tituba s'avança vers Patton, menaçante. Elle s'approcha si près que leurs fronts se touchèrent presque.

— Ne me poussez pas à bout, Patton, menaça-t-elle. Et surtout, ne rejetez pas la faute de vos échecs sur moi. Comme vous l'avez si bien dit, ce sont VOS hommes. Deux heures !

Elle s'éloigna sans laisser le temps à son interlocuteur de répondre. Patton pesta puis alla annoncer à ses officiers de préparer les hommes à reprendre le combat rapidement.

Le soleil se leva enfin. Dans le camp des sorcières, les combattants se reposaient à tour de rôle. Des éclaireurs étaient postés en haut de la butte pour éviter les mauvaises surprises. Abigail et Betty avaient refusé de s'allonger, mais sous la pression d'Ezra et de Sally elles s'étaient assises dans l'herbe humide de rosée. En quelques minutes à peine, elles s'étaient endormies, appuyées l'une contre l'autre. Quand Ezra secoua les deux jeunes filles sans aménité, elles se réveillèrent en sursaut, croyant se retrouver face à un inquisiteur.

— Ils arrivent ! annonça Ezra. Reprenez vos armes et venez !

Il s'éloigna en courant. Abigail se frotta les yeux si fort qu'elle dut rester quelques secondes assise pour s'habituer à la pâle clarté dorée de l'aube. Alarmées par les bruits qui se faisaient entendre, les cousines Parris se précipitèrent en haut du monticule et virent avec stupeur que les combats avaient déjà repris de plus belle. Les sorcières semblaient loin de mener la nouvelle bataille. Les inquisiteurs avaient dû se reposer plus facilement, habitués au sommeil fractionné, mais les habitants de la clairière avaient vécu ces derniers mois dans un luxe peu flagrant mais réel. Au sein de la clairière, ils avaient été protégés des agressions extérieures, ce qui avait permis à tout le monde de dormir des nuits entières sans qu'il y ait besoin d'une sentinelle. Après les efforts de la nuit et le repos trop court, les gens de Salem flageolaient sur leurs jambes et leurs bras portaient des coups moins forts. Abigail espérait qu'ils reprendraient rapidement du poil de la bête. Elle empoigna son poignard qu'elle rangea dans sa ceinture, son bâton qu'elle glissa contre son dos et, pour faire bonne mesure, elle lança une décharge électrique d'une formidable puissance sur un inquisiteur qui se précipitait sur elle et Betty. L'homme, touché de plein fouet, s'envola quelques pieds plus loin, puis retomba à terre, inerte. Un cercle noirâtre était apparu sur sa poitrine d'où s'échappaient des fumerolles grises.

Les deux cousines se jetèrent dans le combat, prêtes à défendre leur vie et celle de leurs amis. Il ne restait que cinq ou six archers, tout au plus. Les blessés étaient restés à la grotte où Ezra avait demandé à quelques personnes bien portantes de veiller sur ceux qui ne pouvaient plus se battre. Il avait entouré le secteur de solides sortilèges de protection et avait ramené avec lui quelques gamins tremblants dont il avait remonté le moral en leur racontant des histoires drôles, se moquant des inquisiteurs. Du coin de l'œil,

Betty vit Sally aux prises avec Emma qui se tortillait dans tous les sens pour échapper aux griffes de sa surveillante. La jeune fille sourit tout en assénant un violent coup à un inquisiteur qui s'était accroché à ses vêtements.

Tituba profita du combat pour mettre son plan à exécution. Elle attendait ce moment depuis si longtemps ! Elle avait œuvré dans l'ombre tout ce temps pour parvenir à ses fins. Et elle ne laisserait personne s'interposer entre elle et sa proie. Survolant des yeux le champ de bataille, elle chercha la personne qui l'intéressait. Elle la découvrit un peu à l'écart du combat, supervisant les troupes. D'un pas vif, Tituba descendit la petite colline sur laquelle elle se trouvait et s'approcha de sa victime. Elle tapa sur l'épaule de l'homme et attendit qu'il se retourne.

— Encore vous, marmonna Patton.

— Et je serai sans doute la dernière personne que vous verrez de votre vie, gronda la sorcière.

Patton regarda son interlocutrice sans comprendre. Tituba l'attrapa par le col de sa veste et resserra sa poigne pour rapprocher Patton de son visage.

— Vous ne vous rappelez pas, Patton ? souffla-t-elle. Allons, regardez-moi bien ! Mon visage ne vous rappelle pas quelqu'un ?

— Vous êtes complètement folle ! s'écria le chef des hommes en noir en essayant de se dégager.

Tituba secoua vigoureusement l'inquisiteur.

— Faites un effort, Patton. Faites fonctionner votre mémoire ! Rappelez-vous lorsque vous étiez enfant.

— Je ne vois pas de quoi vous voulez parler. Et lâchez-moi ou j'appelle mes hommes ! J'en ai assez de vous et de vos manigances, Tituba !

— Laissez-moi vous raconter une histoire. Il était une fois une femme courageuse qui fut arrachée à son île par des Blancs qui étaient venus chercher des esclaves. Cette femme avait une fille unique qu'elle chérissait par-dessus tout. Quand elle vit les Blancs arriver, elle dit à sa fille de s'enfuir le plus vite possible. L'enfant pleura. Elle voulait que sa mère vienne avec elle. Sa mère lui promit qu'elle la rejoindrait, mais elle se fit enlever par les Blancs qui l'emmenèrent sur le continent. Là, elle devint l'esclave d'une riche famille de Boston. Cette famille avait un enfant, un petit garçon coléreux et capricieux. La servante faisait tout dans la maison : la cuisine, le ménage, les lessives et était la nourrice de l'enfant, jusqu'au jour où le petit garçon l'accusa d'une faute qu'elle n'avait pas commise. La domestique fut sévèrement corrigée par son maître, au point qu'elle mourut sous les coups de fouet. Elle fut bien vite remplacée. Elle s'appelait Abena. Cela revient-il à votre mémoire ?

Patton fixait Tituba, abasourdi. Une goutte de sueur coula entre ses yeux.

— Comment savez-vous tout ça ?

— Vous étiez donc ce petit garçon, n'est-ce pas ?

— En quoi cela vous concerne-t-il ?

— Voyons, Patton ! Réfléchissez plus vite que ça, s'il vous plaît ! À votre avis, qui était cette femme pour moi ? demanda la sorcière avec dans les yeux un éclair de cruauté qui fit tressaillir l'inquisiteur.

— Votre mère ? interrogea Patton d'une voix faible.

— Exactement ! s'exclama Tituba, l'air victorieux. Ma mère ! Ma mère que je n'ai jamais cessé de chercher pendant toutes ces années. Jusqu'à ce que je vous trouve, vous. Mais il était trop tard pour elle.

— Je peux vous expliquer… tenta piteusement Patton.

— Oh non ! gronda la Barbadienne. Il n'y a malheureusement rien à expliquer.

Elle lâcha le col de la veste de l'inquisiteur et s'agrippa à son cou de toutes ses forces. Patton frémit violemment et essaya de faire lâcher prise à la sorcière.

Ed se battait avec férocité tout en gardant un œil sur Betty à ses côtés qui se débrouillait plutôt bien. Soudain, il vit une horde d'inquisiteurs se déplacer à toute vitesse. Il s'aperçut que les hommes allaient à la rescousse de Patton, que Tituba tentait d'étrangler. Sans plus réfléchir, Ed se précipita sur Tituba et lui asséna un violent coup dans le dos qui la fit gémir et tomber à terre. Le jeune homme se retrouva alors face à Patton qui crachotait pitoyablement en essayant de reprendre son souffle. Les inquisiteurs qui s'étaient portés au secours de leur chef regardaient leur ancien camarade sans savoir quoi faire. Tituba se releva rapidement. Fort en colère, elle fit face à Ed. Ce dernier se rendit compte de sa position de faiblesse et regretta aussitôt son impétuosité.

— Tu ne perds rien pour attendre, grinça Tituba, hors d'elle. Tu vas regretter de t'être attaqué à moi !

Ed voulut s'enfuir, mais une poigne invisible l'attrapa par le pied et le souleva dans les airs. Quand une intolérable pression s'exerça dans sa poitrine, il se mit à hurler.

Betty sursauta en entendant les cris d'Ed. Elle tenta de repérer son ami, surprise que sa voix vienne de si loin. Elle se mit à héler Ezra. Au moment où ce dernier se retournait pour voir ce que lui voulait Betty, il vit du coin de l'œil les trois créations de Tituba foncer sur lui, prêtes à le mettre en pièces. Voyant qu'Ezra ne pourrait rien faire pour Ed, Betty attrapa Abigail par le bras et l'entraîna à sa suite. Elles ne seraient pas trop de deux pour combattre Tituba.

En voyant s'éloigner Betty et Abigail, Ezra jura. Les trois traîtresses de Salem étaient bien trop fortes pour lui. Il bougeait dans tous les sens pour échapper aux sortilèges qu'elles lui jetaient en rafales. L'épuisement commençait à le gagner quand il vit apparaître à ses côtés Emma et Zïna.

— Qu'est-ce que tu fais là, Emma ? ahana-t-il. Retourne te cacher immédiatement !

La petite ne lui répondit pas, en transe. Elle s'interposa rapidement entre Ezra et les trois femmes. Avant que le jeune sorcier ait pu faire quoi que ce soit, une bulle de protection enferma l'enfant, sa chatte et les combattantes. Paniqué, Ezra s'élança contre la paroi mais fut aussitôt rejeté. Emma ferma les yeux et commença doucement à danser. Zïna, les yeux brillants et un peu à l'écart, la regardait. Le lien entre l'enfant et l'animal était palpable. Emma accéléra sa danse et, bientôt, Ezra ne put plus distinguer les mouvements qu'elle faisait. Les trois femmes en face de la petite fille ne semblaient pas savoir comment se comporter. Elles recommencèrent progressivement à lancer des sorts sur l'enfant. Aucun des sortilèges n'eut d'effet sur Emma. Ezra essayait encore de pousser sur les parois quand Sally l'attrapa par l'épaule.

— Laisse ! Emma se débrouillera. Tu ne peux pas entrer. Personne ne le peut.

— Mais elle va se faire tuer !

— Bien sûr que non ! Cette enfant est plus puissante que nous tous réunis. Ne t'inquiète pas pour elle.

Le temps que Betty et Abigail parcourent les quelques pieds qui les séparaient de Tituba, elles virent Ed tomber à terre et ne plus se relever. Betty poussa un cri de rage et accéléra encore, poussant de toutes ses forces sur ses jambes. Elle se jeta aux côtés d'Ed qui gisait face contre terre, immobile. Elle retourna le jeune homme et s'inquiéta de la pâleur de sa peau.

— Qu'est-ce que vous lui avez fait ? hurla-t-elle à Tituba qui la regardait, narquoise.

— Uniquement ce que ce traître méritait.

— Je vous trouve bien mal placée pour le juger, fit remarquer Abigail.

Après s'être assurée qu'Ed respirait toujours et sans difficulté, Betty se plaça à côté de sa cousine et toutes les deux se mirent en position d'attaque.

— Voyez-vous ça ! persifla Tituba. Mes propres élèves se retournant contre leur maître. Vous m'en voyez ravie ! Mais où sont passées ces deux petites sottes qui ne pensaient qu'à courir les bois avec leur ami boucher ? Seraient-elles devenues fortes et courageuses ? ironisa-t-elle. Peut-être est-ce la mort de leur père et tuteur qui les a fait grandir ? Quelle tragédie !

Tituba éclata d'un rire sonore et caverneux qui fit grimacer de dégoût Abigail. Betty tremblait de fureur, car l'évocation de son père par cette femme l'avait mise hors d'elle. Elle tendit la main brusquement et lança un puissant jet d'eau sur Tituba. L'eau ne toucha même pas la Barbadienne. Une sorte de bouclier de protection semblait l'entourer. Abigail lui jeta une décharge électrique. Cette fois-ci, le sortilège percuta la sorcière et Tituba gronda sous la douleur cuisante de sa brûlure au bras. Elle jeta aux deux filles un regard haineux. Betty et Abigail se campèrent solidement sur leurs jambes, prêtes à se battre. Un souffle de vent provenant du sol fit frissonner la robe de Tituba. Une aura lumineuse entoura rapidement la Barbadienne, faisant tressaillir l'air autour d'elle comme sous l'effet d'une forte chaleur. Les bras le long du corps, les mains tendues vers la terre, Tituba regardait avec tant d'intensité Betty et Abigail que celles-ci commencèrent à se sentir mal à l'aise. Lorsque les yeux de la sorcière se révulsèrent pour ne laisser apparaître que deux billes blanches et immaculées, elles eurent peur. Un sourire diabolique défigura Tituba et elle attaqua. Une pluie de sortilèges s'abattit sur les deux cousines qui sautèrent dans tous les sens pour leur échapper. Tituba lança en rafales tous les sorts qu'elle connaissait et, bientôt, les deux filles Parris ne pensèrent plus à attaquer mais seulement à se défendre. L'épuisement les gagnait rapidement, tandis que l'énergie de Tituba ne semblait pas près de baisser. Figée, la sorcière se contentait de viser les filles qui essayaient tant bien que mal de se soustraire à ses mains destructrices.

Ed se réveilla pendant le combat. En se levant, il manqua de prendre de plein fouet un sort de mort. Betty le sauva à temps en le faisant rouler à terre.

— Retourne te battre, lui souffla-t-elle.

— Je peux vous aider !

— Tu n'as pas de pouvoirs !

Elle évita de justesse un autre sortilège qui fusa jusqu'à une souche d'arbre qui éclata en milliers de copeaux sous le choc. Ed obtempéra rapidement après avoir vu ce phénomène. Il ne pouvait rien faire sans magie. Il partit en courant.

— Quel meilleur endroit que le cœur de ce combat pour enfin vous faire disparaître ? gronda Tituba.

Abigail provoqua son ennemie :

— Essayez toujours !

La jeune fille lança une nuée de fées aux doigts pointus qui s'attaquèrent aussitôt à l'ancienne servante, volant autour de sa tête, l'empêchant de voir.

Tituba se débattit un moment, chassant les petits êtres ailés. Lassée, elle les enflamma tous. Les fées d'Abigail tombèrent sur le sol, petites boules incandescentes qui hurlaient leur douleur d'une voix déchirante. Tituba les écarta du bout du pied et s'approcha des deux filles, menaçante. Betty et Abigail ne savaient plus quoi faire. Leurs sortilèges n'étaient pas assez puissants pour venir à bout de celle qui leur avait tout appris. Tituba leur fit reprendre leur danse en leur jetant une rafle de sorts mortels. Betty et Abigail commencèrent vraiment à paniquer mais elles ne voulaient pas s'enfuir. Quand Betty tomba à terre, Abigail hurla, croyant que sa cousine avait été touchée. Mais vaincue par l'épuisement, la jeune Parris avait senti ses genoux fléchir et n'avait rien pu faire pour contrer sa chute. Betty ferma les yeux et attendit que le sort l'atteigne.

Le hurlement strident d'Abigail alerta Lucy et Rosaly qui étaient situées des jeunes filles. En voyant que Betty et Abigail se trouvaient dans une mauvaise posture, elles se précipitèrent à leur rescousse. Abigail était tétanisée par la peur et la fatigue. Tituba ne bougeait plus non plus, savourant sa victoire prochaine et regardant sa proie à ses pieds. Elle leva la main, en écarta tous les doigts. Affichant un effroyable rictus, elle lança son sort qui jaillit de sa paume en une flèche mordorée se dirigeant vers Betty. Au moment où le sortilège allait toucher la jeune fille en plein front, Rosaly se jeta entre lui et Betty. Le sort se referma sur sa poitrine et elle tomba de côté sur la terre, les yeux grands ouverts, figés pour l'éternité. Lucy cria de toutes ses forces avant de se précipiter sur Tituba qui s'enfuyait à toutes jambes. Betty ne bougeait pas, fixant le corps inerte de Rosaly qui venait de lui sauver la vie au détriment de la sienne.

La peau de la sorcière un peu ronde refroidissait déjà sous l'impact du sortilège.

Une larme coula sur la joue de Betty puis une fureur incontrôlable anima ses yeux. Abigail s'accroupit près de Rosaly, les yeux baignés de larmes.

— Elle était si gentille, murmura-t-elle, des sanglots dans la voix.

Elle allongea la morte sur le dos, ramena ses bras près de son corps et, d'une main douce, lui ferma les yeux. Sur sa joue, la marque argentée ressemblait à une larme qui brillait de mille feux. Doucement, la lueur s'atténua pour ne laisser sur la peau qu'un signe en forme de virgule, de couleur chair. Une marque inaltérable pour une grande sorcière.

14

Patton avait réussi à échapper à la Barbadienne et, par la même occasion, au combat qui faisait rage. Il pensait sérieusement à abandonner ses inquisiteurs sur le champ de bataille. Il n'avait plus rien à y faire. Il était temps pour lui de disparaître mais, avant tout, il devait absolument régler une affaire. Dans le village désert, les bruits étouffés de la bataille lui parvenaient avec netteté. Il entra dans son bureau en ouvrant violemment la porte qui alla claquer contre le mur. Patton se précipita dans l'escalier qui menait aux geôles sous le bâtiment. Lorsqu'il arriva devant la cellule de Nathan Redd, il donna un grand coup de pied dans la grille qui résonna si fort que le prisonnier s'éveilla en sursaut. Quand il vit Patton devant lui, Nathan Redd essaya tant bien que mal de se relever. Mais toutes les journées qu'il avait passées enfermé dans cette prison putride sans rien d'autre qu'un peu d'eau croupie avaient eu raison de ses dernières forces.

— Levez-vous Redd ! Je n'abattrai pas un homme à terre.

— Je ne vous connaissais pas ce genre de scrupules, murmura le juge.

— Levez-vous ! tonna Patton.

Nathan Redd ne bougea pas.

— Comme vous voudrez. Ça ne me dérange pas de vous tuer ainsi. Je vous ai laissé une chance de mourir avec fierté.

Patton sortit un revolver de la poche de son manteau et le pointa sur Redd. Celui-ci regardait fixement son bourreau, indifférent.

— Il n'y aura aucune conséquence à mes actes puisque vous ne sortirez jamais d'ici, déclara Patton. Votre fils ne vous sauvera pas. Il ne sait pas où vous vous trouvez.

— Un jour, Patton, votre conscience se rappellera à vous. Et ce jour-là, je ne voudrais pas être à votre place. Pour rien au monde.

L'inquisiteur tira une seule fois. Nathan Redd succomba sur-le-champ. Un gémissement parvint de derrière le mur. Le jeune prisonnier avait tout entendu, mais il ne représentait pas un problème pour Patton. L'homme de Dorson n'avait plus qu'à disparaître maintenant. Détendu et satisfait, il sortit de la cellule et remonta à l'air libre, conscient d'avoir tout réglé. Il jeta un coup d'œil à droite et à gauche, terrorisé à l'idée de recroiser le chemin de Tituba. Comme il n'y avait personne aux alentours, il sortit, guilleret, et se dirigea vers la maison où il avait installé ses quartiers pour récupérer ses affaires.

Betty restait prostrée devant le corps de Rosaly comme si elle voulait faire revenir à la vie la sorcière. Abigail suppliait sa cousine depuis un moment de se lever et de reprendre le combat. Là où elles se trouvaient, des inquisiteurs pouvaient à tout instant leur tomber dessus. Betty réagit enfin. Mais au lieu de suivre sa cousine, elle traversa le champ de bataille à toute vitesse sans se préoccuper des combattants. Elle grimpa la colline et disparut de la vue d'Abigail. Celle-ci hésita à se lancer à ses trousses. Finalement, elle préféra aller prêter main-forte à Ed et Ezra qui se battaient férocement.

Betty arriva à l'endroit où les gens de la clairière avaient entassé quelques affaires pour survivre sur la colline. Elle extirpa de son sac le vieux grimoire de sa mère. Violemment, elle en tourna les pages jusqu'à arriver à celles qui étaient vierges. Elle se redressa sur ses jambes, maintenant le livre ouvert. Tendant les bras, elle présenta les feuilles blanches à la lumière du soleil qui était maintenant haut dans le ciel. Aussitôt, une lueur éblouissante sortit de la tranche du livre et illumina les pages. Betty ferma les yeux, aveuglée par la clarté. Quand elle les rouvrit, elle découvrit la fine écriture de sa mère sur les feuilles autrefois vierges. Elle lut attentivement ce qui s'y trouvait et repartit ensuite en courant vers le champ de bataille, tenant serré contre elle le grimoire qui serait leur salut à tous.

Emma avait réussi à mettre hors d'état de nuire deux des trois femmes contre lesquelles elle se battait. Vidées de toute leur énergie, Marian Soulth et Hilda Trey étaient à terre, incapables de se relever. Plus aucune once de pouvoir magique ne coulait dans leurs veines. Emma avait tout aspiré. Marian et Hilda commençaient progressivement à reprendre leurs esprits, mais le retour à la réalité serait long et fastidieux pour elles. Il leur faudrait comprendre ce qui leur était arrivé, reprendre une existence normale et, surtout, se faire pardonner leur trahison et le mal qu'elles avaient causé autour d'elles. Mais Coleen Diver ne semblait pas prête à suivre le chemin des deux autres. Elle se battait avec acharnement, attaquant de toutes parts l'enfant qui dansait si vite qu'elle n'arrivait plus à placer ses yeux sur un point fixe.

La tête commençait à tourner à Emma et l'énergie qu'elle avait volée à Marian et à Hilda ne suffisait plus ; elle se sentait vaciller. Pourtant, Emma continuait sa danse magique. Toute la communauté comptait sur elle et la fillette savait que cette victoire était importante. Elle ne supportait plus que les gens la regardent comme un animal de foire. Ils la craignaient, ne comprenaient pas ce qu'elle représentait. Elle voulait leur montrer qu'elle était de leur côté, quoi qu'ils en pensent. Alors elle tint bon. Zïna s'était rapprochée d'elle et fixait ses grands yeux sur Coleen Diver qui commençait aussi à faiblir. La bulle de protection qu'Emma avait élaborée frémissait dans l'air et la petite fille doutait de pouvoir la maintenir encore longtemps. Elle espérait que la fin était proche. Subitement, Coleen Diver s'arrêta net, les yeux révulsés. Emma sentit une grande force la pénétrer en pleine poitrine. Elle suffoqua un instant, tituba puis se redressa. En face d'elle, son adversaire s'était agenouillée, les épaules basses, sans force. Ses yeux reprenaient peu à peu une teinte et un aspect normaux.

Emma était venue à bout des trois créations de Tituba. Seule. Une grande fierté se peignit sur son visage. Elle était impatiente de raconter son exploit à tout le monde. Mais quand la bulle éclata, les bruits de la bataille lui parvinrent de plein fouet. Les combats engagés étaient loin d'être terminés. Ne sachant pas trop quoi faire désormais, elle resta sur place un moment jusqu'à ce que Sally arrive et l'enjoigne d'aller se mettre à l'abri au plus vite. La petite, épuisée, obtempéra sans rechigner. Rassemblant ses dernières forces, elle partit en courant.

Betty s'approcha d'Ezra et l'attrapa par l'épaule. Surpris, le jeune homme se retourna brusquement, prêt à frapper la personne qui l'attaquait. Il retint son geste *in extremis* en découvrant son amie, un sourire radieux sur les lèvres.

— Viens vite ! lança Betty. J'ai trouvé la solution : j'ai réussi à lire le grimoire ! Il faut aller chercher Abigail !

Ezra suivit Betty sans rien dire. Tout devenait possible désormais. Ils récupérèrent Abigail qui protégeait un groupe de villageois d'un inquisiteur particulièrement féroce. Ezra plaqua celui-ci au sol et fit jaillir de ses paumes des flammes qui entourèrent aussitôt l'homme en noir. Ensuite, Ezra, Abigail et Betty se placèrent un peu en retrait du combat.

Betty, tout excitée, montra le vieux grimoire à ses compagnons.

— J'ai trouvé la solution ! Je sais comment nous pouvons vaincre les hommes de Patton !

— Comment ? demanda Abigail, hors d'haleine.

— C'est une formule magique qui fera revenir ma mère sur terre, s'extasia Betty. Une simple formule et ma mère nous débarrassera des inquisiteurs !

Ezra et Abigail échangèrent un regard sceptique que Betty surprit.

— Vous ne me croyez pas ? Regardez alors !

Et elle ouvrit le grimoire aux feuilles qui avaient été vierges. Ezra et Abigail se penchèrent au-dessus des épaules de Betty. Ils restèrent bouche bée. Betty n'avait pas menti. Tout ce qu'elle leur avait raconté après son coma dans l'entre-deux mondes était vrai. Une écriture souple et penchée couvrait les pages. Ezra et Abigail lurent attentivement ce qui était écrit. Ils se tournèrent ensuite vers Betty qui les dévisageait, l'air triomphant.

— Alors ? s'impatienta-t-elle. Vous me croyez maintenant ?

— C'est extraordinaire ! souffla Abigail qui n'en revenait pas. Tu penses vraiment que ça peut marcher ?

— Il n'y a qu'une seule façon de le savoir : il faut essayer !

Ezra approuva. Betty s'éclaircit la gorge et, les mains un peu tremblantes, elle tourna les pages jusqu'à trouver la formule qu'elle devait prononcer.

— *Puisque je t'appelle dans l'au-delà, j'ai en moi la confiance des Anciens. Toi, gardienne du sceau magique, je t'implore de nous venir en aide. Ouvre-toi et reviens pour un temps. Souffle les ténèbres qui nous entourent et enveloppe-toi de notre lumière. Viens !*

Betty attendit, le souffle court. Abigail et Ezra fixaient le grimoire comme si quelque chose allait en sortir. Plusieurs secondes passèrent et Betty commençait à se décourager quand un souffle de vent fit tourner les pages du livre à toute vitesse. Le grimoire se referma brusquement et un halo sortit de la couverture, éblouissant les trois amis. Un courant d'air violent leur fit tourner la tête. Quand ils rouvrirent les yeux, ils avaient en face d'eux une personne vêtue d'une grande cape noire dont le visage était masqué par une capuche.

— Maman ? demanda timidement Betty.

L'apparition souleva légèrement la tête et rabattit sa capuche d'une main gracile et fine. Abigail et Ezra observaient attentivement, prêts à se défendre en cas de besoin. Mais la ressemblance avec Betty était si stupéfiante qu'ils baissèrent aussitôt la garde. Il n'y avait aucun doute. Il s'agissait bien de Rose Parris, la défunte mère de Betty.

— Fabuleux ! murmura Ezra, bouleversé.

Rose Parris adressa un doux sourire au jeune homme et attrapa la main de sa fille, la serrant fort entre ses doigts.

— Je suis fière de toi, Elizabeth Parris, dit-elle d'une voix douce. Ton père et moi savions que tu serais à la hauteur de nos espérances. Tu t'es souvenue de ce que je t'avais montré et tu as eu le courage de m'appeler. Je suis là maintenant. Je vais vous aider.

— Maman ! Il faut faire vite ! Je ne crois pas que les sorcières tiendront encore longtemps. Et Tituba s'est enfuie. Nous devons à tout prix la rattraper.

— Je suis là, répéta doucement Rose.

Puis elle se dirigea vers le champ de bataille, se frayant un chemin entre les combattants. Betty, Ezra et Abigail restèrent un peu en retrait, suivant ses moindres gestes. Quand un sortilège dévia et s'élança vers sa mère, Betty étouffa un cri. Le sort toucha Rose Parris au bras mais elle continua à marcher comme si de rien n'était. Les sorts rebondissaient sur elle sans l'atteindre. Elle n'était pas de ce monde. Rose traversa tout le champ pour se positionner derrière les inquisiteurs. Là, elle ferma les yeux et resta immobile. Tituba apparut à ce moment-là, en haut d'une butte. Elle aperçut la drôle d'apparition qui ne bougeait pas et courut vers elle, bien décidée à la terrasser. Cette fois, Betty hurla de toutes ses forces.

— MAMAN ! Attention !

Rose ouvrit les yeux et tendit une main en direction de Tituba qui s'écroula aussitôt, inconsciente. Ezra, Abigail et Betty étaient stupéfaits. Est-ce que cela pouvait être aussi simple ? Ils se précipitèrent vers la mère de Betty, contournant soigneusement les combattants. Mais quand ils arrivèrent près d'elle, elle disparut, se dissipant dans les airs. Betty se tourna de tout côté pour voir où sa mère se trouvait, mais elle ne la vit pas.

Ezra se pencha prudemment sur Tituba et la secoua un peu pour vérifier qu'elle était vraiment hors d'état de nuire.

— Ta mère est incroyable, Betty ! s'exclama-t-il. Il ne lui a fallu que quelques secondes pour terrasser Tituba alors que nous nous évertuons depuis des mois à la battre.

Betty ne répondit pas, cherchant toujours sa mère.

— Elle ne peut pas être déjà partie, murmura-t-elle. Elle doit encore nous aider.

À peine avait-elle prononcé ses mots que sa mère apparut à côté d'elle, tenant par le bras Patton qui se débattait mollement, comme sous le choc. Les yeux hagards, il regarda autour de lui. Quand il vit Tituba face contre terre, il ne put réprimer un sourire. Rose Parris ferma les yeux. Un souffle de vent puissant balaya le champ de bataille, ne touchant que les hommes en noir qui se retrouvèrent tous par terre, inconscients. Ezra n'en revenait pas. C'en était terminé de la grande guerre des sorcières : les inquisiteurs étaient vaincus.

Betty bondit aussitôt. Elle se promena entre les hommes étendus pour trouver celui qu'elle cherchait. Elle le découvrit enfin, assis par terre, l'air épuisé.

— Ed ! s'écria-t-elle en se laissant tomber à côté du jeune homme.

Le fils du juge Redd serra son amie avec bonheur, savourant enfin un peu de douceur après cette tuerie.

— C'est fini, dit Betty. Tituba et Patton ne peuvent plus rien faire ! Viens !

Et elle tira Ed à sa suite pour l'emmener près de sa mère. Rose était silencieuse, tenant d'une poigne de fer Patton qui ne cherchait pas à se débattre. Les cheveux hirsutes, les yeux rouges, l'homme semblait avoir définitivement basculé dans la folie.

Emma rejoignit rapidement le groupe, accompagnée de Sally et de Lucy. Tous soufflèrent un bon coup. Il y avait encore du travail à faire. Les blessés étaient nombreux et les morts aussi. La mine accusatrice, Betty se tourna brusquement vers Ed.

— Mais, au fait, je peux savoir ce qui t'a pris de te précipiter au secours de Patton ?

Ed baissa les yeux, penaud. Il ne s'était pas attendu à cette question. Il sentait sur lui le regard attentif de tous ceux qui l'entouraient.

— Je ne voulais pas que Tituba le tue. Ça aurait été trop facile pour lui. Je veux qu'il soit jugé pour tout ce qu'il a fait. Et il le sera. Dès que nous pourrons partir de Salem, j'irai voir mon père. Il est juge à Boston. Il fera ce qu'il faut, j'en suis sûr.

Patton releva la tête et se mit à rire à gorge déployée. Impassible, Rose Parris regarda l'inquisiteur. Patton continua à rire si fort qu'il se plia en deux et se tint les côtes. Des larmes coulèrent de ses yeux et il essaya tant bien que mal de reprendre son souffle entre deux hoquets.

Pris d'un doute, Ed s'approcha rapidement de l'inquisiteur et l'empoigna par le col pour le relever au niveau de ses yeux.

— Vous avez quelque chose à dire, Patton ? gronda-t-il.

L'interpellé hoqueta encore puis fixa Ed d'un air sérieux.

— Je crois, oui. Mais je ne suis pas sûr que cela te plaira !

— PARLEZ ! cria Ed

— Ton pauvre papa, susurra Patton, content de lui, a passé les derniers instants de sa vie dans une petite chambre coquette du meilleur hôtel de Salem.

Ed se figea.

— Qu'est-ce que cela signifie ? intervint Ezra.

— J'ai tué Nathan Redd, ricana Patton. Je l'ai tué comme un chien alors qu'il était à terre. Je lui ai tiré une balle en pleine poitrine. Une seule et le vieux juge est mort !

Patton éclata d'un rire diabolique que stoppa rapidement Ed en envoyant en plein visage de l'homme en noir un coup de poing qui jeta celui-ci à terre, la lèvre et le nez en sang. Alors qu'Ed se jetait sur Patton pour le frapper de nouveau, Ezra s'interposa et tenta d'empêcher son ami de réduire en miettes l'inquisiteur.

— Laisse-moi ! hurla Ed, fou. Laisse-moi !

— Arrête ! Tu voulais que Patton soit jugé. Il le sera encore plus sévèrement quand nous révélerons ce qu'il a fait à ton père. Ed, cet ignoble individu ne vaut pas la peine que tu aies des ennuis à cause de lui !

Ed se débattit et échappa à l'emprise de son ami. Il partit en courant en direction du village. Betty lui emboîta aussitôt le pas. Quand Ezra fit mine de les suivre, Abigail posa une main sur son bras.

— Non. Laisse-les. Betty s'occupera d'Ed.

Ezra soupira, le cœur lourd. Ainsi, même une victoire était toujours entachée par de mauvaises nouvelles.

— On forme un beau quatuor, fit remarquer Abigail, pensivement.

— Comment ça ?

— Tu n'as pas remarqué ? Nous sommes maintenant tous orphelins.

Ezra approuva tristement en voyant le visage de son amie changer à cause de la fatigue et de la douleur.

Ed déboucha comme un diable dans le bureau de Patton. Il descendit les marches quatre à quatre et courut dans l'allée entre les cellules. Il s'arrêta devant la dernière geôle et risqua un œil à l'intérieur. Son père était là, allongé sur le dos, les yeux ouverts, sans vie. Ed se jeta à genoux à ses côtés et prit le corps froid entre ses bras pour le serrer contre lui. Il éclata en sanglots au moment où Betty le rejoignit dans la sordide cellule. Elle s'accroupit à côté de son ami et passa son bras autour des épaules du jeune homme, ne sachant pas quoi faire d'autre.

Ed berçait son père.

— Je l'ai déçu, murmura-t-il entre deux sanglots. Il est mort sans savoir ce que j'avais fait.

— Je suis sûre qu'il connaissait ta valeur, Ed. Tu étais son fils. Il était fier de toi.

— Il est mort seul. Il était ici depuis des jours et je ne le savais même pas !

— Ce n'est pas ta faute ! Patton s'est joué de toi. Tituba aussi. Ils paieront pour tout le mal qu'ils ont fait.

— À quoi est-ce que ça peut bien servir maintenant ?

— À ce que ça ne recommence plus jamais ! s'exclama Betty.

Ed pleura encore un moment. Puis il se releva, le corps de son père dans ses bras. Il sortit de la prison et remonta les marches. Dehors, un rayon de soleil se perdit dans les cheveux poivre et sel du mort. Ce dernier avait beaucoup maigri. Ed se mordit les lèvres pour retenir ses larmes et s'avança sur la place du village, ne sachant trop où aller. Betty le prit par l'épaule et l'entraîna à sa suite. Il fallait organiser une cérémonie en hommage au père d'Ed. Ce soir, Nathan Redd et tous ceux tombés au combat seraient les rois de la triste fête.

15

Ils ne s'étaient accordé aucune minute de repos. Même si leur victoire les réjouissait au plus haut point, une lourde tristesse pesait quand même sur eux. Le jeu en avait valu la chandelle, mais plusieurs y avaient laissé leur vie. En silence, les survivants de Salem avaient commencé à regrouper leurs morts. Deux sorcières et un enfant avaient péri. Plusieurs villageois n'avaient pu tenir tête aux inquisiteurs jusqu'au bout. On avait allongé les morts sur une butte. Ed avait déposé à côté d'eux son père. Sally s'était occupée de panser les blessures, de nettoyer le sang et de fermer les yeux des disparus. Ils avaient maintenant l'air paisible de ceux qui dorment d'un sommeil profond et doux. Les inquisiteurs, que Rose Parris réveilla, quittèrent le village, vaincus et la tête basse.

Betty s'approcha de sa mère.

— Je ne sais pas comment te remercier.

— Tu n'as pas à le faire. Je suis tellement fière de toi. Mais il te reste encore quelque chose à accomplir.

— Quoi ?

— Tu dois m'enfermer de nouveau dans le grimoire.

— Mais pourquoi ? s'indigna Betty. Tu ne peux pas vivre ici ?

— Non, c'est impossible, Elizabeth. Si je reste, je causerai beaucoup de dégâts autour de moi.

— Pourquoi ? Tu dois m'expliquer.

— Viens t'asseoir près de moi.

Betty s'installa sur la souche sur laquelle sa mère avait pris place. Celle-ci entoura sa fille de ses bras et la serra contre elle. Betty s'abandonna et posa la tête sur l'épaule de Rose. Elle avait perdu sa mère à sa naissance ; son père avait eu beau l'aimer, la tendresse maternelle lui avait toujours manqué. C'était un déchirement de ne pas pouvoir en profiter plus longtemps.

— Il y a de nombreuses années, j'ai fait la connaissance de ton père. C'était un homme bon et droit et il m'a aimée dès le premier regard, malgré ma réticence envers l'Église. Nous nous sommes rencontrés à Boston et c'est à cause de moi qu'il s'est exilé à Salem. Je ne pouvais pas vivre en ville, j'avais besoin d'air et de liberté. Ton père a tout quitté pour me suivre : son travail, ses amis, sa famille. Personne ne comprenait sa décision. Mais moi je savais que ce n'était pas un sacrifice pour lui. Je lui donnais ce qu'il avait toujours voulu. Ce qu'il apprit beaucoup plus tard, c'est qu'à certaines périodes je manifestais des comportements étranges. Je me renfermais, marmonnais des choses bizarres pendant des heures et parlais une langue que ton père ne comprenait pas. Croyant à une maladie, il s'occupa beaucoup de moi dans l'espoir que les choses s'améliorent. Au contraire, hélas, tout s'envenima rapidement. Très vite, je ne me contrôlai plus. Ton père croyait que j'étais possédée, mais il craignait de demander de l'aide autour de lui. Alors, dans ces moments de crise, il m'enfermait dans une pièce du manoir pour que personne n'entende mes cris. Il retourna à Boston quelques jours pour chercher du côté de ma famille. Peut-être était-ce une maladie héréditaire, pensait-il. Mes parents étaient morts tous les deux depuis longtemps, mais il retrouva ma vieille nourrice à qui il posa nombre de questions. La vieille femme finit par lui avouer que je venais d'une ancienne famille qu'on disait magique. Des sorciers. Et que tous étaient morts désormais, emportés par leurs pouvoirs. C'est aussi ce qui m'attendait. J'avais un trop-plein de pouvoirs en moi, que j'étais incapable de contrôler. Ils me dominaient et me faisaient souffrir le martyre. C'était comme une lame chauffée à blanc qui fouillait mon crâne. Dans ces moments-là, je n'étais plus moi-même, je devenais agressive. J'ai failli plus d'une fois blesser grièvement ton père. Heureusement, les crises ne duraient jamais plus de quelques heures. Ton père décida donc de s'y accoutumer.

« Puis je suis tombée enceinte de toi, ma fille. Les premiers mois, rien ne se passa. Ton père et moi avons pensé que c'en était terminé. Mais un mois avant le terme de ma grossesse, les crises revinrent, plus longues, plus fortes et plus violentes qu'avant. Ton père m'empêcha à temps de me jeter par la fenêtre. Fou de douleur et d'impuissance, il se décida à en parler. Il alla voir la guérisseuse du village et lui demanda conseil. La vieille femme lui déclara qu'il n'y avait rien à faire pour moi, que c'était au-delà de ses compétences mais qu'elle pouvait néanmoins lui donner une formule qui me permettrait de trouver enfin le repos. Ton père accepta, la mort dans l'âme. Nous avons attendu ta naissance. Et le lendemain, alors qu'une crise était sur le point de m'emporter, ton père prononça la formule, le visage baigné de larmes. Je n'oublierai jamais cette image. Il était si beau, si brave. J'espère l'avoir quitté avec un sourire. Après qu'il eut dit les mots, mon âme fut séparée de mon corps et, tandis que mon enveloppe charnelle s'écroulait sur le sol, mon âme fut enfermée dans ce grimoire dans lequel elle est restée jusqu'à ce que tu me trouves. Tout ce qu'il contient vient de mon esprit. Tu as, là-dedans, tout ce que je savais mais que je ne pouvais utiliser. »

Betty écouta, bouche bée. Quelle histoire incroyable ! Et elle n'en avait jamais eu vent, car son père ne lui avait jamais parlé de rien.

— Et si tu restes sur terre, commença-t-elle d'une petite voix, tu recommenceras ?

Sa mère hocha la tête.

— Mais je pourrais peut-être t'apprendre à contrôler tes pouvoirs. Je suis assez bonne maintenant, tu sais !

— C'est impossible, dit Rose, un sourire triste sur les lèvres. Je ne fais plus partie de ce monde désormais. Je dois retourner d'où je viens. Je dois retrouver ton père.

— Mais moi ? s'indigna la jeune fille. Je vais rester toute seule ici !

— Tu n'es pas seule, Betty. Tu as Abigail et Ezra. Tu as tous ces gens que tu as aidés. Ils s'en souviendront toujours, tu verras. Et tu as aussi ce charmant jeune homme. Je sens qu'il ne t'est pas indifférent. Et surtout, tu as toute la vie devant toi. Ça n'a pas de prix. Tu dois me ramener là-bas, Betty.

— Comment vais-je faire ?

— Il te suffit de le vouloir.

— Mais nous avons encore besoin de toi ici ! Qu'allons-nous faire de Tituba ? Et de Patton ?

— Patton n'est plus en état de nuire à qui que ce soit. Quant à Tituba, je pense que seul le feu pourra venir à bout d'elle. Tu sais tout désormais, ma fille. Maintenant, laisse-moi partir.

Betty sentit une larme rouler sur sa joue. Elle secoua la tête avec vigueur, refusant ce que sa mère lui demandait.

— Si tu ne le fais pas, tu verras une chose en moi que je ne me pardonnerais jamais de t'avoir montrée. Je ne t'ai pas abandonnée quand tu es née, Elizabeth. Ton père et moi avons choisi de te sauver. Respecte notre décision. Fais en sorte que ce sacrifice n'ait pas été fait en vain, je t'en prie.

Betty se jeta dans les bras de sa mère et la serra fort contre elle. Celle-ci lui rendit son étreinte. Elle caressa les longs cheveux de sa fille et lui murmura de douces paroles à l'oreille. Rose ferma les yeux ; une larme coula. Elle sembla illuminée de l'intérieur et, en une pluie luminescente, elle disparut dans une myriade d'étincelles. Betty regardait la place que sa mère avait occupée à peine quelques secondes auparavant. Une main se posa sur son épaule, la serrant gentiment. Elle se tourna vers Ed qui la regardait, les yeux remplis de compassion. Betty sauta sur ses pieds et plongea le nez dans le cou du jeune homme avant de se mettre à pleurer toutes les larmes de son corps. Ed était animé du même chagrin. Betty et lui restèrent longtemps enlacés.

— Betty, est-ce que tu aimerais venir à Boston avec moi ? demanda Ed doucement. Je dois régler les affaires de mon père. Peut-être que cela te ferait du bien de changer d'air. Nous pourrions revenir ici plus tard. Si nous le voulons. Si tu le veux.

Betty afficha un petit sourire à travers ses pleurs et hocha la tête. Ed lui caressa gentiment la joue et se pencha pour poser un doux baiser sur ses lèvres. La jeune fille sentit ses cheveux se dresser sur sa nuque et son cœur faire des bonds dans sa poitrine.

— Alors nous partirons dès demain, décida Ed.

La grande cérémonie d'enterrement commença en fin de journée. Les gens s'étaient déplacés à l'écart du champ de bataille et avaient transporté les corps dans le cimetière du village. Là, Ezra, Ed et tous les hommes du village s'étaient emparés de pelles et de pioches et avaient creusé les tombes qui accueilleraient les défunts. Lorsque leur tâche fut terminée, ils se débarbouillèrent rapidement pour assister à l'enterrement. Le silence régnait dans l'assemblée, entrecoupé de temps en temps par quelques sanglots étouffés. Avec l'assentiment de tout le monde, Sally prit la parole.

— Nous sommes réunis ici pour saluer le courage de ces valeureux combattants tombés sous les coups ennemis pour notre cause. Je me désole de savoir qu'ils ne verront jamais ce que, grâce à eux, nous accomplirons. Mais je veux croire que leurs âmes ne quitteront jamais ce village. Leur village. Honorons tous ensemble la mémoire de ceux qui ont péri. Honorons la mémoire du jeune Samuel qui, âgé d'à peine huit ans, a fait preuve d'autant de bravoure qu'un homme. Honorons la mémoire de Rudy Glasgow, de Lisbeth Solter, d'Edward Habstold et de Zachariah Bolen, ces vaillants villageois qui ont combattu l'oppresseur. Honorons la mémoire de Nathan Redd, le père d'Ed, qui, par amour pour son fils, a bravé le danger pour le secourir. Qu'il repose en paix. Honorons enfin la mémoire des sorcières tombées aujourd'hui : Martha Carrier pour ses formidables talents de ventriloquie, entre autres, qui en fit rire plus d'un et qui mourut en héroïne en sauvant les enfants et en emportant avec elle nombre d'inquisiteurs ; Rosaly Tergace, notre sœur de Terwik, qui sauva la vie de Betty Parris au détriment de la sienne. Mes amis, observons quelques instants de silence pour les remercier.

Tous baissèrent les yeux vers le sol. D'un mouvement de tête, Sally signifia aux hommes de procéder à l'inhumation sans tarder. Les enfants avaient parcouru les champs alentour pour récolter des fleurs qu'ils jetèrent sur les corps. Enfin, chaque villageois et chaque sorcier passa chacun son tour pour lancer une pelletée de terre dans les tombes. Puis les gens se rendirent sur la place du village pour se réapproprier les lieux. Il y avait tant à reconstruire et à réparer. Mais tous étaient animés d'une grande volonté. Ils voulaient que Salem redevienne le charmant village d'avant, celui où il faisait bon vivre.

— Nous devons nous occuper de Tituba et de Patton, dit Ezra.

— Je m'occuperai de Patton, lâcha Ed d'une voix rauque.

Tout le monde se tourna vers lui. Conscient que ses paroles pouvaient être mal interprétées, le jeune homme se justifia.

— Je veux dire que je le ramènerai à Boston moi-même pour le faire juger, comme il en a été décidé.

— Et je vais accompagner Ed, dit Betty.

Abigail, suffoquée, se tourna vers sa cousine.

— Tu pars ? demanda-t-elle.

— Oui, avoua la jeune fille en baissant les yeux. Je vais passer quelque temps avec Ed à Boston. Je crois que... je ne veux plus rester ici après tout ce qui est arrivé. Pas maintenant en tout cas. Mais je reviendrai, je te le promets.

Abigail afficha une moue sceptique puis haussa les épaules.

— J'espère bien. Tu vas tellement me manquer !

— Toi aussi ! Mais tu n'es pas seule !

Abigail sourit timidement. Betty pouffa. Décidément, sa cousine rougissait encore facilement.

— Et que fait-on pour Tituba ? s'enquit Ezra.

— Ma mère m'a dit qu'il n'y avait qu'une seule solution, répondit Betty. Le feu.

Ezra grimaça. Il avait espéré ne plus jamais entendre parler d'un bûcher de sa vie.

— C'est la seule solution?

— Je crois que oui.

— Très bien. Ed, viens m'aider.

Ezra alla chercher quelques hommes. Ensemble, ils installèrent à contrecœur un bûcher en dehors du village. Il n'était pas question de l'établir sur la place publique. L'ère de Patton était terminée. Avec l'aide de Sally, Ezra attacha Tituba au mât. Puis il serra solidement les liens aux poignets de la sorcière en se disant que, si elle voulait s'enfuir, ce ne serait pas quelques cordes qui la retiendraient. Mais Tituba ne semblait plus capable de la moindre magie. Abigail et Betty allumèrent des torches qu'elles jetèrent dans la paille entre les bûches. Aussitôt, les flammes prirent. Elles vinrent bientôt lécher les habits en loques de la Barbadienne qui affichait toujours un petit sourire énigmatique. Les trois jeunes sorciers ne la quittèrent pas des yeux dans la crainte qu'elle ne leur joue un mauvais tour. Alors que le feu grimpait petit à petit sur l'ancienne servante, ils furent surpris de ne pas l'entendre crier. Tituba restait droite et ne donnait pas l'impression de ressentir la moindre douleur. Sally l'observait aussi avec méfiance. Quand les flammes eurent atteint le visage de Tituba, un nuage noir enveloppa la sorcière, la dissimulant à la vue de tous. Aussitôt, Ezra paniqua et fit le tour du bûcher pour prévenir une évasion. Comme il ne la voyait pas sortir du feu, il attendit. Les cris de surprise de ses amis le ramenèrent auprès d'eux. Il suivit le doigt d'Abigail pointé vers le ciel. Un grand oiseau rouge aux larges ailes et aux traits racés s'envolait gracieusement vers les nuages, fixant sur eux des yeux de braise. Dans un souple battement d'ailes, il prit de l'altitude et fila à une vitesse vertigineuse vers les montagnes derrière lesquelles il disparut. Quand le nuage noir autour du bûcher se dissipa, Ezra constata avec rage que Tituba avait bel et bien réussi à s'enfuir. Avec consternation, il regarda l'endroit du ciel où elle avait disparu. Mais il n'y avait plus rien à l'horizon. Les hommes éteignirent les flammes et s'éloignèrent, amers. Ainsi, Tituba allait s'en tirer.

Sally laissa ses compagnons seuls. Elle réunit les sorcières de l'Alliance de Terwik et leur dit :

— Mes sœurs, je crois qu'il est maintenant temps pour nous de laisser nos amis de Salem reconstruire tranquillement leurs vies. Rentrons chez nous !

Toutes approuvèrent. Moins de vingt minutes plus tard, tout le monde s'était dit au revoir, le cœur serré, en promettant de se revoir très vite. Sally avait longuement serré contre elle Abigail, Betty et Ezra.

— Je suis ravie de vous avoir rencontrés. Cela me donne un grand espoir dans la future communauté des sorciers ! Et faites attention à vous. Nous entendrons encore parler de Tituba, je peux vous l'assurer.

Emma s'approcha de Sally timidement. L'apercevant, la sorcière se précipita vers l'enfant et la prit dans ses bras. La petite nicha sa tête dans le creux de l'épaule de Sally.

— On se reverra ? demanda Emma d'une petite voix.

— Bien sûr, mon enfant ! Très vite, je te le promets. N'oublie pas que tu es quelqu'un d'exceptionnel pour moi !

Sally reposa l'enfant à terre et se baissa pour caresser Zïna qui ronronna vigoureusement. Les adieux ne s'éternisèrent pas. Personne n'en était friand. Les sorcières de Terwik s'envolèrent, saluant dans les airs leurs amis restés au sol. Les habitants de Salem agitèrent la main longtemps dans la direction de Sally et de ses compagnes, jusqu'à ce qu'elles ne soient plus que des petits points à l'horizon.

Ezra soupira. Il était épuisé. Il s'approcha d'Abigail.

— Que comptes-tu faire ? demanda-t-il à la jeune fille. Tu vas suivre Betty et Ed à Boston ?

Abigail regarda son ami, abasourdie.

— Bien sûr que non ! Pourquoi ferais-je cela ?

— Tu n'as pas envie de rester avec Betty ?

— Je préférerais rester avec toi ! déclara farouchement la jeune fille.

Ezra rougit de plaisir et serra la main d'Abigail.

— Je peux te proposer quelque chose alors ?

— Vas-y !

— Viens habiter avec moi dans la grotte. Juste quelques mois, le temps de reconstruire le manoir aussi beau qu'avant ! Ça te plairait ?

Abigail sauta au cou d'Ezra et le serra si fort que le jeune homme suffoqua.

Décidés à ne pas se séparer tout de suite, les quatre amis accompagnés d'Emma dormirent tous ensemble à la belle étoile ce soir-là. Ils savourèrent pleinement leur nouvelle liberté. Le lendemain matin, Betty et Ed partirent très tôt pour Boston, utilisant les chevaux que les inquisiteurs avaient abandonné dans leur hâte de partir. Ils se promirent les uns les autres de se voir régulièrement ; ils savaient qu'ils tiendraient leur promesse. Abigail et Ezra ramassèrent leurs maigres affaires et allèrent s'installer dans la grotte. Ils emmenèrent avec eux Emma qui gambada de joie pendant tout le trajet, heureuse d'aller habiter avec ses amis.

Dans ses affaires, Abigail trouva un livre de sorcellerie que les membres de l'Alliance de Terwik avaient oublié de rapporter. Pendant l'absence d'Ezra qui était allé chercher du bois pour le feu, la jeune fille tourna pensivement les pages du livre. Elle tomba sur un tout petit encart en bas à gauche d'une feuille et plissa les yeux pour mieux lire. *Comment faire disparaître toute forme de magie maléfique?* Elle suffoqua. Pourquoi n'avait-elle pas vu ça la veille ? Elle était persuadée que la page était blanche jusqu'à maintenant. Mais si elle l'avait vu avant, Tituba ne s'en serait pas sortie. Elle lut attentivement le texte. Quand Ezra rentra, elle se précipita sur lui pour lui montrer sa découverte.

— Regarde ! s'exclama-t-elle. J'ai trouvé la solution pour nous débarrasser de Tituba.

Intrigué, Ezra attendit qu'elle continue.

— C'est une façon de faire disparaître toute forme de magie noire !

— Comment doit-on procéder ?

— C'est là que je ne comprends pas. As-tu déjà entendu parler des pierres d'Éops ?

Ezra fit un signe de dénégation. Abigail lui tendit le livre pour qu'il voie l'illustration. Ezra en resta bouche bée. Il lâcha le livre, bondit sur son sac et en sortit une petite pierre ronde, blanche et lisse, qu'il montra à Abigail.

— Tu en as une ? souffla-t-elle.

— Et Ed en a une autre.

— Il en reste trois à trouver !

— Je crois savoir où elles sont !